Balthasar Gracian
Gracian's Orakel der Weltklugheit

Balthasar Gracian
Gracian's Orakel der Weltklugheit

1.Aufl.
Taschenbuch – Literatur - Klassiker
Herausgeber Frank Weber, Marburg
Bibliografische Information der Deutschen Nationalbibliothek:
Die Deutsche Nationalbibliothek verzeichnet diese Publikation in der Deutschen
Nationalbibliografie; detaillierte bibliografische Daten sind im Internet abrufbar über
http://dnb.dnb.de
© 2021 Balthasar Gracian
Deutsch: A. Schopenhauer
ISBN 9783756829569
Herstellung und Verlag: BoD – Books on Demand, Norderstedt

Balthasar Gracian
Gracian's Orakel der Weltklugheit

aus dessen Werken gezogen von D. Vincencio Juan de Lastanosa, und aus dem Spanischen Original treu und sorgfältig übersetzt von Arthur Schopenhauer.

Geh'! gehorche meinen Winken,
Nutze deine jungen Tage,
Lerne zeitig klüger seyn:
Auf des Glückes großer Waage
Steht die Zunge selten ein:
Du mußt steigen oder sinken.
Du mußt herrschen und gewinnen,
Oder dienen und verlieren,
Leiden oder triumphiren,
Amboß oder Hammer seyn.

Goethe.

Vorwort des Uebersetzers

Von dem durch eine sehr alte und unvollkommene, später auch ins Lateinische übertragene, französische Uebersetzung unter dem falschen Titel »L'homme de cour par Gracian« weltbekannten spanischen Buche ist dieses die erste und einzige, unmittelbar aus der Ursprache gemachte Deutsche Übersetzung. Denn die von Dr. Müller 1717 herausgegebene, abgesehen davon, daß sie heut zu Tage schlechterdings unlesbar ist, kann nur für eine Paraphrase gelten. Gegenwärtige schließt sich dem Text so genau an, als der von Grund aus verschiedene Karakter beider Sprachen es irgend leiden wollte und der Leser kann versichert seyn, daß von dem »Oraculo manual, y arte de prudencia« ihm hier nichts verloren gegangen ist, als bloß eine Anzahl Wortspiele, welche wiederzugeben unmöglich war: nur bei einigen ließ die Sprache den Versuch einer annähernden Nachahmung zu, bei welcher auf billige Nachsicht des Lesers gerechnet ist.

An den Leser

Dem Gerechten keine Gesetze, und dem Weisen keine Rathschläge. Und doch hat noch Keiner so viel gewußt, als er für sich brauchte. Eines hast du mir zu verzeihen, ein Andres zu danken: daß ich nämlich dieses Handbuch der Lebensklugheit ein »Orakel« genannt habe, denn es ist ein solches, wegen des Sentenziösen und Gedrungenen; sodann aber, daß ich dir in Einem Federzuge alle zwölf Werke Gracian's darbiete, deren jedes so hoch geschätzt wird, daß sein »Weltkluger« kaum in Spanien erschienen war, als er schon in Frankreich, in dessen Sprache übersetzt und an dessen Hofe gedruckt, genossen wurde. Gegenwärtiges sei der Vernunft ein Denkbuch bei dem Gastmahl ihrer Weisen, in welches sie die in den übrigen Werken aufzutragenden Schüsseln der Klugheit einschreibe, um den Genuß auf eine anmuthige Weise zu vervielfältigen.

D. Vincencio Juan de Lastanosa
Geschrieben im Jahre 1653.

1. Alles hat heut zu Tage seinen Gipfel erreicht,

aber die Kunst sich geltend zu machen, den höchsten. Mehr gehört jetzt zu einem Weisen, als in alten Zeiten zu sieben: und mehr ist erfordert, um in diesen Zeiten mit einem einzigen Menschen fertig zu werden, als in vorigen mit einem ganzen Volke.

2. Herz und Kopf:

die beiden Pole der Sonne unserer Fähigkeiten: eines ohne das andere, halbes Glück. Verstand reicht nicht hin; Gemüth ist erfordert. Ein Unglück der Thoren ist Verfehlung des Berufs im Stande, Amt, Lande, Umgang.

3. Ueber sein Vorhaben in Ungewißheit lassen.

Die Verwunderung über das Neue ist schon eine Wertschätzung seines Gelingens. Mit offenen Karten spielen, ist weder nützlich noch angenehm. Indem man seine Absicht nicht gleich kund giebt, erregt man die Erwartung, zumal wann man durch die Höhe seines Amts Gegenstand der allgemeinen Aufmerksamkeit ist. Bei Allem lasse man etwas Geheimnißvolles durchblicken und errege, durch seine Verschlossenheit selbst, Ehrfurcht. Sogar wo man sich heraus-läßt, vermeide man plan zu sein; eben wie man auch im Umgang sein Inneres nicht Jedem aufschließen darf. Behutsames Schweigen ist das Heiligthum der Klugheit. Das ausgesprochene Vorhaben wurde nie hochgeschätzt, vielmehr liegt es dem Tadel bloß: und nimmt es gar einen ungünstigen Ausgang, so wird man doppelt unglücklich seyn. Man ahme daher dem göttlichen Walten nach, indem man die Leute in Vermuthungen und Unruhe erhält.

4. Wissenschaft und Tapferkeit

bauen die Größe auf. Sie machen unsterblich, weil sie es sind. Jeder ist so viel, als er weiß, und der Weise vermag Alles. Ein Mensch ohne Kenntnisse; eine Welt im Finstern. Einsicht und Kraft; Augen und Hände. Ohne Muth ist das Wissen unfruchtbar.

5. Abhängigkeit begründen.

Den Götzen macht nicht der Vergolder, sondern der Anbeter. Wer klug ist, sieht lieber die Leute seiner bedürftig, als ihm dankbar verbunden, sie am Seile der Hoffnung führen, ist Hofmannsart, sich auf ihre Dankbarkeit verlassen, Bauernart: denn letztere ist so vergeßlich, als erstere von gutem Gedächtnis. Man erlangt mehr von der Abhängigkeit als von der verpflichteten Höflichkeit: wer seinen Durst gelöscht hat, kehrt gleich der Quelle den Rücken, und die ausgequetschte Apfelsine fällt von der goldenen Schüssel in den Koth. Hat die Abhängigkeit ein Ende, so wird das gute Vernehmen es auch bald finden und mit diesem die Hochachtung. Es sei also eine Hauptlehre aus der Erfahrung, daß man die Hoffnung zu erhalten, nie aber ganz zu befriedigen hat, vielmehr dafür sorgen soll, immerdar nothwendig zu bleiben, sogar dem gekrönten Herrn. Jedoch soll man dies nicht so sehr übertreiben, daß man etwa schweige, damit er Fehler begehe, und soll nicht, des eigenen Vortheils halber, den fremden Schaden unheilbar machen.

6. Seine Vollendung erreichen.

Man wird nicht fertig geboren: mit jedem Tage vervollkommnet man sich in seiner Person und seinem Beruf, bis man den Punkt seiner Vollendung erreicht, wo alle Fähigkeiten vollständig, alle vorzüglichen Eigenschaften entwickelt sind. Dies giebt sich daran zu erkennen, daß der Geschmack erhaben, das Denken geläutert, das Urtheil reif, und der Wille rein geworden ist. Manche gelangen nie zur Vollendung, immer fehlt ihnen noch etwas; andere kommen spät zur Reife. Der vollendete Mann, weise in seinen Reden, klug in seinem Thun, wird zum vertrauten Umgang der gescheuten Leute zugelassen, ja gesucht.

7. Sich vor dem Siege über Vorgesetzte hüten.

Alles Übertreffen ist verhaßt, aber seinen Herrn zu übertreffen ist entweder ein dummer oder ein Schicksalsstreich. Stets war die Ueberlegenheit verabscheut; wieviel mehr die über die Ueberlegenheit selbst. Vorzüge niedriger Gattung wird der Behutsame verhehlen, wie etwa seine persönliche Schönheit durch Nachlässigkeit im Anzüge verleugnen. Es wird sich wohl treffen, daß Jemand an Glücksumständen, ja an Gemütseigenschaften uns nachzustehen sich bequemt, aber an

Verstand kein Einziger; wie viel weniger ein Fürst. Denn der Verstand ist eben die Königliche Eigenschaft und deshalb jeder Angriff auf ihn ein Majestätsverbrechen. Fürsten sind sie, und wollen es in dem seyn, was am meisten auf sich hat. Sie mögen wohl, daß man ihnen hilft, jedoch nicht, daß man sie übertrifft: der ihnen ertheilte Rath sehe daher mehr aus wie eine Erinnerung an das was sie vergaßen, als wie ein ihnen aufgestecktes Licht zu dem was sie nicht finden konnten. Eine glückliche Anleitung zu dieser Feinheit geben uns die Sterne, welche, obwohl hellglänzend und Kinder der Sonne, doch nie so verwegen sind, sich mit den Strahlen dieser zu messen.

8. Leidenschaftslos sehn

eine Eigenschaft der höchsten Geistesgröße, deren Ueberlegenheit selbst sie loskauft vom Joche gemeiner äußerer Eindrücke. Keine höhere Herrschaft, als die über sich selbst und über seine Affekten: sie wird zum Triumph des freien Willens. Sollte aber jemals die Leidenschaft sich der Person bemächtigen; so darf sie doch nie sich an das Amt wagen, und um so weniger, je höher solches ist. Dies ist eine edle Art, sich Verdrießlichkeiten zu ersparen, ja sogar auf dem kürzesten Wege zu Ansehn zu gelangen.

9. Nationalfehler verleugnen.

Das Wasser nimmt die guten oder schlechten Eigenschaften der Schichten an, durch welche es läuft, und der Mensch die des Klimas, in welchem er geboren wird. Einige haben ihrem Vaterlande mehr zu verdanken als Andere, indem ein günstigerer Himmel sie umfieng. Er giebt keine Nation, selbst nicht unter den gebildetesten, welche davon frei wäre, irgend einen ihr eigenthümlichen Fehler zu haben, welchen die benachbarten zu tadeln nicht ermangeln, entweder um sich davor zu hüten, oder sich damit zu trösten. Es ist eine rühmliche Geschicklichkeit, solche Makel seiner Nation an sich selbst zu bessern, oder wenigstens zu verbergen. Man erlangt dadurch den beifälligen Ruf, der Einzige unter den Seinigen zu seyn: und was am wenigsten erwartet wurde, wird am höchsten geschätzt. Ebenso giebt es Fehler der Familie, des Standes, Amtes und Alters: treffen alle diese in Einem Menschen zusammen, ohne daß die Aufmerksamkeit ihnen entgegenwirkte; so machen sie aus ihm ein unerträgliches Ungeheuer.

10. Glück und Ruhm:

so unbeständig jenes, so dauerhaft ist dieser: jenes für das Leben, dieser nachher: jenes gegen den Neid, dieser gegen die Vergessenheit. Glück wird gewünscht, bisweilen befördert; Ruhm wird erworben. Der Wunsch nach Ruhm entspringt dem Werthe. Die Fama war und ist noch die Schwester der Giganten: stets folgt sie dem Uebermäßigen, den Ungeheuern, oder den Wundern, dem Gegenstand des Abscheues oder des Beifalls.

11. Mit dem umgehen, von dem man lernen kann.

Der freundschaftliche Umgang sei eine Schule der Kenntnisse, und die Unterhaltung bildende Belehrung: aus seinen Freunden mache man Lehrer und lasse den Nutzen des Lernens und das Vergnügen der Unterhaltung sich wechselseitig durchdringen. Mit Leuten von Einsicht hat man einen abwechselnden Genuß, indem man, für das was man sagt, Beifall und von dem was man hört, Nutzen einerntet. Was uns zu Andern führt, ist gewöhnlich unser eigenes Interesse: dies ist hier jedoch höherer Art. Der Aufmerksame besucht häufig die Häuser jener großartigen Hofleute, welche mehr Schauplätze der Größe als Paläste der Eitelkeit sind. Es giebt Herren, welche im Ruf der Weltklugheit stehn: nicht nur sind diese selbst, durch ihr Beispiel und ihren Umgang, Orakel aller Größe, sondern auch die sie umgebende Schaar bildet eine höfische Akademie guter und edler Klugheit jeder Art.

12. Natur und Kunst:

der Stoff und das Werk. Keine Schönheit besteht ohne Nachhülfe, und jede Vollkommenheit artet in Barbarei aus, wenn sie nicht von der Kunst erhöht wird: diese hilft dem Schlechten ab und vervollkommnet das Gute. Die Natur verläßt uns gemeinhin beim Besten: nehmen wir unsere Zuflucht zur Kunst. Ohne sie ist die beste natürliche Anlage ungebildet, und den Vollkommenheiten fehlt die Hälfte, wenn ihnen die Bildung fehlt. Jeder Mensch hat, ohne künstliche Bildung, etwas Rohes, und bedarf, in jeder Art von Vollkommenheit, der Politur.

13. **Bald aus zweiter, bald aus erster Absicht handeln.**

Ein Krieg ist das Leben des Menschen gegen die Bosheit des Menschen. Die Klugheit führt ihn, indem sie sich der Kriegslisten, hin-sichtlich ihres Vorhabens, bedient. Nie thut sie das, was sie vorgiebt, sondern zielt nur, um zu täuschen. Mit Geschicklichkeit macht sie Luftstreiche; dann aber führt sie in der Wirklichkeit etwas Uner-wartetes aus, stets darauf bedacht ihr Spiel zu verbergen. Eine Absicht läßt sie erblicken, um die Aufmerksamkeit des Gegners dahin zu ziehen, kehrt ihr aber gleich wieder den Rücken und siegt durch das, woran Keiner gedacht. Jedoch kommt ihr andrerseits ein durch-dringender Scharfsinn durch seine Aufmerksamkeit zuvor und belauert sie mit schlauer Ueberlegung: stets versteht er das Gegentheil von dem, was man ihm zu verstehn giebt, und erkennt sogleich jedes falsche Miene machen. Die erste Absicht läßt er immer vorüber gehn, wartet auf die zweite, ja auf die dritte. Indem jetzt die Ver-stellung ihre Künste erkannt sieht, steigert sie sich noch höher und versucht nunmehr durch die Wahrheit selbst zu täuschen: sie ändert ihr Spiel, um ihre List zu ändern, und läßt das nicht Erkünstelte als erkünstelt erscheinen, indem sie so ihren Betrug auf die vollkommenste Aufrichtigkeit gründet. Aber die beobachtende Schlauheit ist auf ihrem Posten, strengt ihren Scharfblick an und entdeckt die in Licht gehüllte Finsterniß: sie entziffert jenes Vorhaben, welches je aufrichtiger, desto trügerischer war. Auf solche Weise kämpft die Arglist des Python gegen den Glanz der durchdringenden Strahlen Apollo's.

14. **Die Sache und die Art.**

Das Wesentliche in den Dingen ist nicht ausreichend, auch die begleitenden Umstände sind erfordert. Eine schlechte Art verdirbt Alles, sogar Recht und Vernunft; die gute Art hingegen kann Alles ersetzen, vergoldet das Nein, versüßt die Wahrheit und schminkt das Alter selbst. Das Wie thut gar viel bei den Sachen: die artige Manier ist ein Taschendieb der Herzen. Ein schönes Benehmen ist der Schmuck des Lebens, und jeder angenehme Ausdruck hilft wundervoll von der Stelle.

15. Aushelfende Geister haben.

Es ist ein Glück der Mächtigen, daß sie Männer von ausgezeichneter Einsicht sich beigesellen können: diese entreißen sie jeder Gefahr der Unwissenheit, und müssen schwierige Streitfragen für sie erörtern. Es liegt eine besondere Größe darin, die Weisen in seinem Dienst zu haben, und solche übertrifft bei Weitem den barbarischen Geschmack des Tigranes, der etwas darin suchte, gefangene Könige zu Dienern zu haben. Eine ganz neue Herrlichkeit ist es, und zwar im Besten des Lebens, künstlich die zu Dienern zu machen, welche die Natur hoch über uns gestellt hat. Das Wissen ist lang, das Leben kurz, und wer nichts weiß, der lebt auch nicht. Da ist es denn ungemein geschickt, ohne Müheaufwand zu studiren, und zwar viel durch Viele, um durch sie Alle gelehrt zu seyn. Da redet man nachher in der Versammlung für Viele, indem aus Eines Munde so Viele reden, als man vorher zu Rathe gezogen hat: so erlangt man, durch fremden Schweiß, den Ruf eines Orakels. Jene aushelfenden Geister suchen zuvörderst die Lection zusammen und tischen sie uns sodann in Quintessenzen des Wissens auf. Wer nun aber es nicht dahin bringen kann, die Weisen in seinem Dienst zu haben, ziehe Nutzen von ihnen im Umgang.

16. Einsicht mit redlicher Absicht:

zusammen verbürgen sie durchgängiges Gelingen. Ein widernatürliches Ungeheuer war stets ein guter Verstand vereint mit einem bösen Willen. Die böswillige Absicht ist ein Gift aller Vollkommenheiten; vom Wissen unterstützt verdirbt sie auf eine feinere Weise. Unseelige Überlegenheit, die zur Verworfenheit verwendet wird! – Wissenschaft ohne Verstand ist doppelte Narrheit.

17. Abwechselung in der Art zu verfahren:

man verfahre nicht immer auf gleiche Weise, damit man die Aufmerksamkeit, zumal die der Widersacher, verwirre: nicht stets aus der ersten Absicht; sonst werden jene diesen einförmigen Gang bald ausgelernt haben, und uns zuvorkommen, oder gar unser Thun vereiteln. Es ist leicht den Vogel im Fluge zu treffen, der ihn in grade fortgesetzter Richtung, nicht aber den, der ihn in gewundener nimmt. Aber auch aus der zweiten Absicht darf man nicht immer handeln:

denn schon beim zweiten Male kennen die Gegner die List. Die Bosheit steht auf der Lauer, und großer Schlauheit bedarf es, sie zu täuschen. Nie spielt der Spieler die Karte aus, welche der Gegner erwartet, noch weniger die, welche er wünscht.

18. Fleiß und Talent:

ohne beide ist man nie ausgezeichnet, jedoch im höchsten Grade, wenn man sie in sich vereint. Mit dem Fleiße bringt ein mittelmäßiger Kopf es weiter, als ein überlegener ohne denselben. Die Arbeit ist der Preis, für den man den Ruhm erkauft: was wenig kostet, ist wenig werth. Sogar für die höchsten Aemter hat es Einigen nur an Fleiß gefehlt: nur selten ließ das Talent sie im Stich. Daß man lieber auf einem hohen Posten mittelmäßig, als auf einem niedrigen ausgezeichnet ist, hat die Entschuldigung eines hohen Sinnes für sich; hingegen daß man sich begnügt, auf dem untersten Posten mittelmäßig zu seyn, während man auf dem obersten ausgezeichnet seyn könnte, hat sie nicht. Also sind Natur und Kunst erfordert, und der Fleiß drückt ihnen das Siegel auf.

19. Nicht unter übermäßigen Erwartungen auftreten.

Es ist das gewöhnliche Unglück alles sehr Gerühmten, daß es der über-triebenen Vorstellung, die man sich von ihm machte, nachmals nicht gleich kommen kann. Nie konnte das Wirkliche das Eingebildete erreichen: denn sich Voll-kommenheiten denken, ist leicht; sie verwirk-lichen sehr schwer. Die Einbildungskraft verbindet sich mit dem Wunsche und stellt sich daher stets viel mehr vor, als die Dinge sind. Wie groß nun auch die Vortrefflichkeiten sehn mögen, so reichen sie doch nicht hin, den vorgefaßten Begriff zu befriedigen: und da sie ihn unter der Täuschung seiner ausschweifenden Erwartung vorfinden; so werden sie eher seinen Irrthum zerstören, als Bewunderung erregen. Die Hoffnung ist eine große Verfälscherin der Wahrheit: die Klugheit weise sie zurecht und sorge dafür, daß der Genuß die Erwartung übertreffe. Daß man beim Auftreten schon einiger-maßen die Meinung für sich habe, dient die Aufmerksamkeit zu erregen, ohne dem Gegenstand derselben Verpflichtungen aufzulegen. Viel besser ist es immer, wenn die Wirklichkeit die Erwartung übersteigt und mehr ist als man gedacht hatte. Diese Regel wird falsch beim Schlimmen: denn da diesem die Uebertreibung zu statten kommt, so steht man solche gern widerlegt, und dann gelangt das, was als ganz abscheulich gefürchtet wurde, noch dahin, erträglich zu scheinen.

20.   Der Mann seines Jahrhunderts.

Die außerordentlich seltenen Menschen hängen von der Zeit ab. Nicht alle haben die gefunden, deren sie würdig waren, und viele fanden sie zwar, konnten aber doch nicht dahin gelangen, sie zu nutzen. Einige waren eines bessern Jahrhunderts werth; denn nicht immer triumphirt jedes Gute. Die Dinge haben ihre Periode und sogar die höchsten Eigenschaften sind der Mode unterworfen. Der Weise hat jedoch einen Vortheil, den, daß er unsterblich ist: ist dieses nicht sein Jahrhundert; so werden viele andre es seyn.

21.   Die Kunst Glück zu haben.

Es giebt Regeln für das Glück: denn für den Klugen ist nicht alles Zufall. Die Bemühung kann dem Glücke nachhelfen. Einige begnügen sich damit, sich wohlgemuth an das Thor der Glücksgöttin zu stellen und zu erwarten, daß sie öffne. Andere, schon besser, streben vorwärts und machen ihre kluge Kühnheit geltend, damit sie, auf den Flügeln ihres Werthes und ihrer Tapferkeit, die Göttin erreichen und ihre Gunst gewinnen mögen. Jedoch richtig philosophiert, giebt es keinen andern Weg als den der Tugend und Umsicht; indem Jeder gerade so viel Glück und so viel Unglück hat, als Klugheit oder Unklugheit.

22.   Ein Mann von willkommenen Kenntnissen.

Gescheute Leute sind mit einer eleganten und geschmack-vollen Belesenheit ausgerüstet, haben ein zeitgemäßes Wissen von Allem, was an der Tagesordnung ist, jedoch mehr auf eine gelehrte als auf eine gemeine Weise: sie halten sich einen geistreichen Vorrath witziger Reden und edler Thaten, von welchem sie zu rechter Zeit Gebrauch zu machen ver-stehn. Oft war ein guter Rath besser angebracht in der Form eines Witzwortes, als in der der ernstesten Belehrung; und gangbares Wissen hat Manchem mehr geholfen als alle sieben Künste, so frei sie auch seyn mögen.

23. Ohne Makel seyn:

die unerläßliche Bedingung der Vollkommenheit. Es giebt Wenige, die ohne irgend ein Gebrechen wären, wie im Physischen, so im Moralischen: und sie lieben solches innig, da sie doch leicht es heilen könnten. Mit Bedauern sieht die fremde Klugheit, wie oft einem ganzen Verein erhabener Fähigkeiten ein kleiner Fehler sich keck angehängt hat; und Eine Wolke ist hinreichend, die ganze Sonne zu verdunkeln. Dergleichen sind Flecken unsers Ansehens, welche das Mißwollen sogleich herausfindet, und immer wieder darauf zurückkommt. Die größte Geschicklichkeit wäre, sie in Zierden zu verwandeln, in der Art, wie Cäsar sein physisches Gebrechen mit dem Lorbeer zu bedecken wußte.

24. Die Einbildungskraft zügeln,

indem man bald sie zurechtweist, bald ihr nachhilft: denn sie vermag Alles über unser Glück, und sogar unser Verstand erhält Berichtigung von ihr. Sie kann eine tyrannische Gewalt erlangen und begnügt sich nicht mit müßiger Beschauung, sondern wird thätig, bemächtigt sich sogar oft unsers ganzen Daseyns, welches sie mit Lust oder Traurigkeit erfüllt, je nachdem die Thorheit ist, auf die sie verfiel: denn sie macht uns mit uns selbst zufrieden oder unzufrieden, spiegelt Einigen beständige Leiden vor und wird der häusliche Henker dieser Thoren: Andern zeigt sie nichts als Seeligkeiten und Glücksfälle, unter lustigem Schwindeln des Kopfs. Alles dieses vermag sie, wenn nicht die vernünftige Obhut unsrer selbst ihr den Zaum anlegt.

25. Winke zu verstehen wissen.

Einst war es die Kunst aller Künste, reden zu können: jetzt reicht das nicht aus; errathen muß man können, vorzüglich wo es auf Zerstörung unsrer Täuschung abgesehen ist. Der kann nicht sehr verständig seyn, der nicht leicht versteht. Es giebt hingegen auch Schatzgräber der Herzen und Luchse der Absichten. Grade die Wahrheiten, an welchen uns am meisten gelegen, werden stets nur halb ausgesprochen; allein der Aufmerksame fasse sie im vollen Verstande auf. Bei allem Erwünschten ziehe er seinen Glauben am Zügel zurück, aber gebe ihm den Sporn bei allem Verhaßten.

26. Die Daumschraube eines Jeden finden.

Dies ist die Kunst, den Willen Andrer in Bewegung zu setzen. Es gehört mehr Geschick als Festigkeit dazu. Man muß wissen, wo einem Jeden beizukommen sei. Es giebt keinen Willen, der nicht einen eigentümlichen Hang hätte, welcher nach der Mannigfaltigkeit des Geschmacks verschieden ist. Alle sind Götzendiener, Einige der Ehre, Andre des Interesses, die Meisten des Vergnügens. Der Kunstgriff besteht darin, daß man diesen Götzen eines Jeden kenne, um mittelst desselben ihn zu bestimmen. Weiß man, welches für Jeden der wirksame Anstoß sei, so ist es als hätte man den Schlüssel zu seinem Willen. Man muß nun auf die allererste Springfeder, oder das primum inodils in ihm, zurückgehen, welches aber nicht etwa das Höchste seiner Natur, sondern meistens das Niedrigste ist: denn es giebt mehr schlecht- als wohlgeordnete Gemüther in der Welt. Jetzt muß man zuvörderst sein Gemüth bearbeiten, dann ihm durch ein Wort den Anstoß geben, endlich mit seiner Lieblingsneigung den Hauptangriff machen; so wird unfehlbar sein freier Wille schachmatt.

27. Das Intensive höher als das Extensive schätzen.

Die Vollkommenheit besteht nicht in der Quantität, sondern in der Qualität. Alles Vortreffliche ist stets wenig und selten: die Menge und Masse einer Sache macht sie geringgeschätzt. Sogar unter den Menschen sind die Riesen meistens die eigentlichen Zwerge. Einige schätzen die Bücher nach ihrer Dicke; als ob sie geschrieben wären, die Arme, nicht die Köpfe daran zu üben. Das Extensive allein führt nie über die Mittelmäßigkeit hinaus, und es ist das Leiden der universellen Köpfe, daß sie, um in Allem zu Hause zu seyn, es nirgends sind. Hingegen ist es das Intensive, woraus die Vortrefflichkeit entspringt, und zwar eine heroische, wenn in erhabener Gattung.

28. In nichts gemein:

Erstlich, nicht im Geschmack. O des großen Weisen, den es niederschlug, daß seine Sache der Menge gefiel![1] Gemeiner Beifall in Fülle giebt dem Verständigen kein Genügen.

---

[1] Ein griechischer Redner fragte, als das Volk ihm Beifall zurief, betroffen seine Freunde:»Habe ich etwas Verkehrtes gesagt?«

Dagegen sind manche solche Kamäleone der Popularität, daß sie ihren Genuß nicht in den sanften Anhauch Apollo's, sondern in den Athem des großen Haufens setzen. – Zweitens, nicht im Verstande: man finde kein Genügen an den Wundern des Pöbels, dessen Unwissenheit ihn nicht über das Erstaunen hinauskommen läßt: während die allgemeine Dummheit bewundert, deckt der Verstand des Einzelnen den Trug auf.

29. Ein rechtschaffener Mann seyn:

stets steht dieser auf der Seite der Wahrheit, mit solcher Festigkeit des Vorsatzes, daß weder die Leidenschaft des großen Haufens, noch die Gewalt des Despoten ihn jemals dahin bringen, die Gränze des Rechts zu übertreten. Allein wer ist dieser Phönix der Gerechtigkeit? Wohl wenige ächte Anhänger hat die Rechtschaffenheit. Zwar rühmen sie Viele, jedoch nicht für ihr Haus. Andre folgen ihr bis zum Punkt der Gefahr: dann aber verleugnen sie die Falschen, verhehlen sie die Politischen. Denn sie kennt keine Rücksicht, sei es, daß sie mit der Freundschaft, mit der Macht, oder mit dem eigenen Interesse sich feindlich begegnete: hier nun liegt die Gefahr abtrünnig zu werden. Jetzt abstrahiren, mit scheinbarer Metaphysik, die Schlauen von ihr, um nicht der Absicht der Höheren oder der Staatsräson in den Weg zu treten. Jedoch der beharrliche Mann hält jede Verstellung für eine Art Verrath: er setzt seinen Werth mehr in seine unerschütterliche Festigkeit, als in seine Klugheit. Stets ist er zu finden, wo die Wahrheit zu finden ist: und fällt er von einer Partei ab, so ist es nicht aus Wankelmuth von seiner, sondern von ihrer Seite, indem sie zuvor von der Sache der Wahrheit abgefallen war.

30. Sich nicht zu Beschäftigungen bekennen, die in schlechtem Ansehen stehen,

noch weniger zu Schimären, wodurch man sich eher in Verachtung, als in Ansehen bringt. Es giebt mancherlei grillenhafte Sekten, von welchen allen der kluge Mann sich fern hält. Aber es giebt Leute von wunderlichem Geschmack, welche immer nach dem greifen, was die Weisen verworfen haben, und dann in diesen Seltsamkeiten sich gar sehr gefallen. Dadurch werden sie zwar allgemein bekannt, doch mehr als Gegenstand des Lachens, als des Ruhms. Sogar zur Weisheit wird der umsichtige Mann sich nicht auf eine hervorstechende Weise bekennen, viel weniger zu Dingen, welche ihre Anhänger lächerlich machen. Sie werden hier nicht aufgezählt, weil die allgemeine Verachtung sie genugsam bezeichnet hat.

31. Die Glücklichen und Unglücklichen kennen,

um sich zu jenen zu halten und diese zu fliehen. Das Unglück ist meistentheils Strafe der Thorheit, und für die Theilnahme ist keine Krankheit ansteckender. Man darf nie dem kleineren Uebel die Thür öffnen: denn hinter ihm werden sich stets viele andere und größere einschleichen. Die feinste Kunst beim Spiel besteht im richtigen Ekartiren: und die kleinste Karte der Farbe, die jetzt Trumpf ist, ist wichtiger als die größte derjenigen, die es vorher war. Ist man zweifelhaft, so ist das Gescheuteste, sich zu den Klugen und Vor-sichtigen zu halten, da diese früh oder spät das Glück einholen.

32. Im Rufe der Gefälligkeit stehen.

Das Ansehen derer, die am Staatsruder stehn, gewinnt sehr dadurch, daß sie willfährig sind, und die Huld ist eine Eigenschaft der Herrscher, durch welche sie die allgemeine Gunst erlangen. Dies ist ja eben der einzige Vorzug, den die höchste Macht giebt, daß man mehr Gutes thun kann als alle Andern. Freunde sind die, welche Freundschaft erweisen. Dagegen giebt es Andre, welche sich darauf legen, ungefällig zu seyn, nicht so sehr wegen des Beschwerlichen, als aus Tücke: sie sind ganz und gar das Gegentheil der göttlichen Milde.

33. Sich zu entziehen wissen.

Wenn eine große Lebensregel die ist, daß man zu verweigern verstehe; so folgt, daß es eine noch wichtigere ist, daß man sich selbst, sowohl den Geschäften als den Personen, zu verweigern wisse. Es giebt fremdartige Beschäftigungen, welche die Motten der kostbaren Zeit sind. Sich mit etwas Ungehörigem beschäftigen, ist schlimmer als Nichtsthun. Für den Umsichtigen ist es nicht hinreichend, daß er nicht zudringlich sei, sondern er muß auch dafür sorgen, daß Andre sich ihm nicht aufdringen. So sehr darf man nicht Allen angehören, daß man nicht mehr sich selber angehörte. Eben so darf man auch seinerseits nicht seine Freunde mißbrauchen, und nicht mehr von ihnen verlangen, als sie

19

eingeräumt haben. Jedes Uebermaaß ist fehlerhaft, aber am meisten im Umgang. Mit dieser klugen Mäßigung wird man sich am besten die Gunst und Wertschätzung Aller erhalten, weil alsdann der so kostbare Anstand nicht allmälig bei Seite gesetzt wird. Man erhalte sich also die Freiheit seiner Sinnesart, liebe innig das Auserlesene jeder Gattung, und thue nie der Aufrichtigkeit seines guten Geschmackes Gewalt an.

34.   Seine vorherrschende Fähigkeit kennen,

sein hervorstechendes Talent; sodann dieses ausbilden und den übrigen nachhelfen. Jeder wäre in irgend etwas ausgezeichnet geworden, hätte er seinen Vorzug gekannt. Man beobachte also seine überwiegende Eigenschaft und verwende auf diese allen Fleiß. Bei Einigen ist der Verstand, bei Andern die Tapferkeit vorherrschend. Die Meisten thun aber ihren Naturgaben Gewalt an, und bringen es deshalb in nichts zur Überlegenheit. Das, was anfangs der Leidenschaft schmeichelte, wird von der Zeit zu spät als Irrthum aufgedeckt.

35.   Nachdenken, und am meisten über das,

woran am meisten gelegen. Weil sie nicht denken, gehn alle Dummköpfe zu Grunde: sie sehn in den Dingen nie auch nur die Hälfte von dem, was da ist; und da sie sich so wenig anstrengen, daß sie nicht einmal ihren eigenen Schaden oder Vortheil begreifen, legen sie großen Werth auf das, woran wenig, und geringen auf das, woran viel gelegen, stets verkehrt abwägend. Viele verlieren den Verstand deshalb nicht, weil sie keinen haben. Es giebt Sachen, die man mit der ganzen Anstrengung seines Geistes untersuchen und nachher in der Tiefe desselben aufbewahren soll. Der Kluge denkt über Alles nach, wiewohl mit Unterschied: er vertieft sich da, wo er Grund und Widerstand findet, und denkt bisweilen, daß noch mehr da ist, als er denkt: dergestalt reicht sein Nachdenken eben so weit als seine Besorgniß.

36.   Sein Glück erwogen haben

; um zu handeln, um sich einzulassen. Daran ist mehr gelegen, als an der Beobachtung seines Temperaments. Ist aber der ein Thor, welcher im vierzigsten Jahre sich an den Hippokrates, seiner Gesundheit halber, wendet, so ist es der noch mehr, welcher dann erst an den Seneka, der Weisheit wegen. Es ist eine große Kunst, sein Glück zu leiten zu wissen, indem man bald es abwartet, denn auch mit Warten ist bei ihm etwas auszurichten, bald es zur rechten Zeit benutzt, da es Perioden hält und Gelegenheiten darbietet; obwohl man ihm seinen Gang nicht ablernen kann, so regellos sind seine Schritte. Wer es günstig befunden hat, schreite keck vorwärts; denn es liebt die Kühnen leidenschaftlich, und, als schönes Weib, auch die Jünglinge. Wer aber Unglück hat, thue nichts mehr; sondern ziehe sich zurück, damit er nicht zu dem Unstern, der schon über ihm steht, einen zweiten heranrufe.

37. Stichelreden kennen und anzuwenden verstehen.

Dies ist der Punkt der größten Feinheit im menschlichen Umgang. Solche Stichelreden werden oft hingeworfen, um die Gemüther zu prüfen, und mittelst ihrer stellt man die versteckteste und zugleich eindringlichste Untersuchung des Herzens an. Eine andere Art derselben sind die boshaften, verwegenen, vom Gift des Neides angesteckten, oder mit dem Geifer der Leidenschaft getränkten: diese sind oft unvorhergesehene Blitze, durch welche man aus aller Gunst und Hochachtung mit Einem Male herabgeschleudert wird; von einem leichten Wörtchen dieser Art getroffen, sind Manche aus dem engsten Vertrauen der höchsten oder geringerer Personen herabgestürzt, denen doch auch nur den mindesten Schreck zu erregen, eine vollständige Verschwörung zwischen der Unzufriedenheit der Menge und der Bosheit der Einzelnen, unvermögend gewesen war. Wieder eine andere Art von Stichelreden wirkt im entgegengesetzten Sinne, indem sie unser Ansehen stützt und befestigt. Allein mit derselben Geschicklichkeit, mit welcher die Absichtlichkeit sie schleudert, muß die Vorkehr sie empfangen, ja die Umsicht sie schon zum voraus erwarten. Denn hier beruht die Abwehr auf der Kenntniß des Uebels, und der vorhergesehene Schuß verfehlt jedesmal sein Ziel.

38. Vom Glücke beim Gewinnen scheiden:

so machen es alle Spieler von Ruf. Ein schöner Rückzug ist eben so viel werth, als ein kühner Angriff. Man bringe seine Thaten, wann ihrer genug, wann ihrer viele sind, in Sicherheit. Ein lange anhaltendes Glück ist allemal verdächtig: das unterbrochene ist sicherer und das Süßsaure desselben sogar dem Geschmack angenehmer. Je mehr sich Glück auf Glück häuft, desto mehr Gefahr laufen sie auszugleiten und alle mit einander niederzustürzen. Die Höhe der Gunst des Glücks wird oft durch die Kürze ihrer Dauer aufgewogen: denn das Glück wird es müde, Einen so lange auf den Schultern zu tragen.

39. Den Punkt der Reife an den Dingen kennen,

um sie dann zu genießen. Die Werke der Natur gelangen alle zu einem Gipfel der Vollkommenheit: bis dahin nahmen sie zu, von dem an ab: unter denen der Kunst hingegen sind nur wenige, die dahin gebracht wären, daß sie keiner Verbesserung mehr fähig sind. Es ist ein Vorzug des guten Geschmacks, daß er jede Sache auf dem Punkte ihrer Vollendung genießt: Alle können dies nicht, und die es könnten, verstehn es nicht. Sogar für die Früchte des Geistes giebt es einen solchen Punkt der Reife: es ist wichtig, ihn zu kennen, hinsichtlich der Schätzung sowohl, als der Ausübung.

40. Gunst bei den Leuten.

Die allgemeine Bewunderung zu erlangen, ist viel; mehr jedoch, die allgemeine Liebe. In etwas hängt es von der Gunst der Natur, aber mehr von der Bemühung ab: jene legt den Grund, diese führt es aus. Ausgezeichnete Fähigkeiten reichen nicht hin, obwohl sie vorausgesetzt werden: denn hat man einmal die Meinung gewonnen, so ist es leicht, auch die Zuneigung zu gewinnen. Sodann erwirbt man Wohlwollen nicht ohne Wohlthun: Gutes gethan, mit beiden Händen, schöne Worte, noch bessere Thaten, lieben, um geliebt zu werden. Die Höflichkeit ist die größte politische Zauberei der Großen. Erst strecke man seine Hand zu Thaten aus, und sodann nach den Federn; vom Stichblatt nach dem Geschichtsblatt: denn es giebt auch eine Gunst der Schriftsteller, und sie ist unsterblich.

41. Nie übertreiben.

Es sei ein wichtiger Gegenstand unsrer Aufmerksamkeit, nicht in Superlativen zu reden; theils um nicht der Wahrheit zu nahe zu treten, theils um nicht unsern Verstand herabzusetzen. Die Übertreibungen sind Verschwendungen der Hochschätzung, und zeugen von der Beschränktheit unserer Kenntnisse und unsers Geschmacks. Das Lob erweckt lebhafte Neugierde, reizt das Begehren, und wann nun nachher, wie es sich gemeiniglich trifft, der Werth dem Preise nicht entspricht; so wendet die getäuschte Erwartung sich gegen den Betrug, und rächt sich durch Geringschätzung des Gerühmten und des Rühmers. Daher gehe der Kluge zurückhaltend zu Werke und fehle lieber durch das zuwenig als durch das zuviel. Die ganz außerordentlichen Dinge jeder Art sind selten; also mäßige man seine Wertschätzung. Die Uebertreibung ist der Lüge verwandt, und durch dieselbe kommt man um den Ruf des guten Geschmacks, welches viel, und um den der Verständigkeit, welches mehr ist.

42. Von angeborner Herrschaft.

Sie ist die geheim wirkende Kraft der Ueberlegenheit. Nicht aus einer widerlichen Künstelei darf sie hervorgehn, sondern aus einer gebietenden Natur. Alle unterwerfen sich ihr, ohne zu wissen wie, indem sie die verborgene Macht natürlicher Autorität anerkennen. Diese gebietenden Geister sind Könige durch ihren Werth, und Löwen, kraft angebornen Vorrechts. Durch die Hochachtung, die sie einflößen, nehmen sie Herz und Verstand der Uebrigen gefangen. Sind solchen nun auch die andern Fähigkeiten günstig; so sind sie geboren, die ersten Hebel der Staatsmaschine zu seyn: denn sie wirken mehr durch eine Miene, als Andre durch eine lange Rede.

43. Denken wie die Wenigsten und reden wie die Meisten.

Gegen den Strom schwimmen zu wollen, vermag keineswegs den Irrthum zu zerstören, sehr wohl aber, in Gefahr zu bringen. Nur ein Sokrates konnte es unternehmen. Von Andrer Meinung abweichen, wird für Beleidigung gehalten; denn es ist ein Verdammen des fremden Urtheils. Bald mehren sich die darob Verdrießlichen, theils wegen des getadelten Gegenstandes, theils wegen dessen, der ihn gelobt hatte. Die Wahrheit ist für Wenige, der Trug so allgemein wie gemein. Den Weisen wird man nicht an dem erkennen, was er auf dem Marktplatz redet: denn dort spricht er nicht mit seiner Stimme, sondern mit der der allgemeinen Thorheit, so sehr auch sein Inneres sie verleugnen mag. Der Kluge vermeidet eben so sehr, daß man ihm, als daß er Andern widerspreche: so bereit er zum Tadel ist, so zurückhaltend in der Aeußerung desselben. Das Denken ist frei, ihm kann und darf keine Gewalt geschehn. Daher zieht der Kluge sich zurück in das Heiligthum seines Schweigens: und läßt er ja sich bisweilen aus; so ist es im engen Kreise Weniger und Verständiger.

44. Mit großen Männern sympathisiren.

Es ist eine Eigenschaft der Heroen, mit Heroen überein-
zustimmen. Hierin liegt ein Wunder der Natur, sowohl wegen
des Geheimnißvollen darin, als auch wegen des Nützlichen.
Es giebt eine Verwandtschaft der Herzen und Gemüthsarten:
ihre Wirkungen sind solche, wie die Unwissenheit des großen
Haufens sie Zaubertränken zuschreibt. Sie bleibt nicht bei der
Hochachtung stehn, sondern geht bis zum Wohlwollen, ja bis
zur Zuneigung. Sie überredet ohne Worte und erlangt ohne
Verdienst. Es giebt eine aktive und eine passive: beide sind
heilbringend, und um so mehr, in je erhabenerer Gattung. Es
ist eine große Geschicklichkeit, sie zu erkennen, zu unterscheiden und sie zu nutzen zu verstehen. Denn kein Eigensinn
kann ohne diese geheime Gunst zum Zwecke führen.

45. Von der Schlauheit Gebrauch, nicht Mißbrauch machen.

Man soll sich nicht in ihr gefallen, noch weniger sie zu
verstehn geben. Alles Künstliche muß verdeckt bleiben, weil
es verdächtig ist, besonders aber, wenn es Vorsichts-
maßregeln betrifft; denn da ist es verhaßt. Der Betrug ist stark
im Gebrauch; daher verdoppele sich der Verdacht, ohne
jedoch sich zu erkennen zu geben; weil er sonst Mißtrauen
erregt, sehr kränkt, zur Rache auffordert und Schlechtigkeiten
erweckt, an welche vorher Keiner gedacht hatte. Mit Ueberlegung zu Werke gehn, ist ein mächtiger Vortheil beim
Handeln, und es giebt keinen sicherern Beweis von Vernunft.
Die größte Vollkommenheit der Handlungen stützt sich auf
die sichere Meisterschaft, mit der man sie ausführt.

46. Seine Antipathie bemeistern.

Oft verabscheuen wir aus freien Stücken, und sogar ehe wir
die Eigenschaften der betreffenden Personen kennen gelernt
haben: bisweilen wagt dieser angeborene, pöbelhafte
Widerwille sich selbst gegen die ausgezeichnetesten Männer
zu regen. Die Klugheit werde Herr über ihn: denn nichts kann
eine schlechtere Meinung von uns erregen, als daß wir die
verabscheuen, welche mehr werth sind als wir. So sehr als die
Sympathie mit großen Männern zu unserm Vortheil spricht,
setzt die Antipathie gegen dieselben uns herab.

47. Ehrensachen meiden.

Einer der wichtigsten Gegenstände der Vorsicht. In Leuten von umfassendem Geiste liegen stets die Extreme sehr weit von einander entfernt, so daß ein langer Weg vom einen zum andern ist: sie selbst aber halten sich immer im Mittelpunkt ihrer Klugheit, daher sie es nicht leicht zum Bruche kommen lassen. Denn es ist viel leichter einer Gelegenheit dieser Art auszuweichen, als mit Glück aus derselben herauszukommen. Dergleichen sind Versuchungen unsrer Klugheit, und es ist sicherer sie zu fliehen, als in ihnen zu siegen. Eine Ehrensache führt eine andre und schlimmere herbei, und dabei kann die Ehre leicht sehr zu Schaden kommen. Es giebt Leute, die, vermöge ihres eigenthümlichen oder ihres National-Karakters, leicht Gelegenheit nehmen und geben, und geneigt sind Verpflichtungen dieser Art einzugehn. Hingegen bei dem, der am Lichte der Vernunft wandelt, bedarf die Sache längerer Ueberlegung. Er sieht mehr Muth darin, sich nicht einzulassen, als zu siegen: und wenn auch etwa ein allezeit bereitwilliger Narr da ist, so bittet er zu entschuldigen, daß er nicht Lust hat, der andre zu seyn.

48. Gründlichkeit und Tiefe:

nur so weit man diese hat, kann man mit Ehren eine Rolle spielen. Stets muß das Innere noch einmal soviel seyn, als das Aeußere. Dagegen giebt es Leute von bloßer Fassade, wie Häuser, die, weil die Mittel fehlten, nicht ausgebaut sind und den Eingang eines Pallasts, den Wohnraum einer Hütte haben. An solchen ist gar nichts, wobei man lange weilen könnte, obwohl sie langweilig genug sind; denn, sind die ersten Begrüßungen zu Ende, so ist es auch die Unterhaltung. Mit den vorläufigen Höflichkeitsbezeugungen treten sie wohlgemuth auf, wie Sicilianische Pferde, aber gleich darauf versinken sie in Stillschweigen: denn die Worte versiegen bald, wo keine Quelle von Gedanken fließt. Andre, die selbst einen oberflächlichen Blick haben, werden leicht von diesen getäuscht; aber nicht so die Schlauen: diese gehn aufs Innere und finden es leer, bloß zum Spotte gescheuter Leute tauglich.

49.   Scharfblick und Urtheil.

Wer hiemit begabt ist bemeistert sich der Dinge, nicht sie seiner: die größte Tiefe weiß er zu ergründen und die Fähigkeiten eines Kopfs auf das vollkommenste anatomisch zu zerlegen. Indem er einen Menschen sieht, versteht er ihn und beurteilt sein innerstes Wesen. Er macht seine Beobachtungen und versteht meisterhaft das verborgenste Innere zu entziffern. Er bemerkt scharf, begreift gründlich und urtheilt richtig: Alles entdeckt, sieht, faßt und versteht er.

50.   Nie setze man die Achtung gegen sich selbst aus den Augen,

und mache sich nicht mit sich selbst gemein. Unsere eigene Makellosigkeit muß die Richtschnur für unsern untadelhaften Wandel seyn, und die Strenge unsers eigenen Urtheils muß mehr über uns vermögen, als alle äußeren Vorschriften. Das Ungeziemende unterlasse man mehr aus Scheu vor seiner eigenen Einsicht, als aus der vor der strengsten fremden Autorität. Man gelange dahin, sich selbst zu fürchten; so wird man nicht Seneka's imaginären Hofmeister nöthig haben.

51.   Zu wählen wissen.

Das Meiste im Leben hängt davon ab. Es erfordert guten Geschmack und richtiges Urtheil: denn weder Gelehrsamkeit noch Verstand reichen aus. Ohne Wahl ist keine Vollkommenheit: jene schließt in sich, daß man wählen könne, und das Beste. Viele von fruchtbarem und gewandtem Geist, scharfem Verstande, Gelehrsamkeit und Umsicht, wenn sie zum Wählen kommen, gehn dennoch zu Grunde: sie ergreifen allemal das Schlechteste, als ob sie es darauf anlegten, irre zu gehen. Also ist dieses eine der größten Gaben von Oben.

52.   Nie aus der Fassung gerathen.

Ein großer Punkt der Klugheit, nie sich zu entrüsten. Es zeigt einen ganzen Mann, von großem Herzen an: denn alles Große ist schwer zu bewegen. Die Affekten sind die krankhaften Säfte der Seele, und an jedem Uebermaaße derselben erkrankt die Klugheit: steigt gar das Uebel bis zum Munde hinaus, so läuft die Ehre Gefahr. Man sei daher so ganz Herr über sich und so groß, daß weder im größten Glück, noch im größten Unglück man die Blöße einer Entrüstung gebe, vielmehr, als über jene erhaben, Bewundrung gebiete.

53. Tätigkeit und Verstand.

Was dieser ausführlich durchdacht hat, führt jene rasch aus. Eilfertigkeit ist eine Eigenschaft der Dummköpfe: weil sie den Punkt des Anstoßes nicht gewahr werden, gehn sie ohne Vorkehr zu Werke. Dagegen pflegen die Weisen eher durch Zurückhaltung zu fehlen: denn das Vorhersehn gebiert Vorkehrungen, und so vereitelt Mangel an Thatkraft bisweilen die Früchte des richtigen Urtheils. Schnelligkeit ist die Mutter des Glücks. Wer nichts auf Morgen ließ, hat viel gethan. Eile mit Weile war ein recht Kaiserlicher Wahlspruch.

54. Haare auf den Zähnen haben.

Den toten Löwen zupfen sogar die Haasen an der Mähne. Mit der Tapferkeit läßt sich nicht Scherz treiben. Gibst du dem Ersten nach, so mußt du es auch dem Andern, und so bis zum Letzten; und spät zu siegen, hast du die selbe Mühe, die dir gleich Anfangs viel mehr genutzt hätte. Der geistige Mut übertrifft die körperliche Kraft: er sei ein Schwert, das stets in der Scheide der Klugheit ruht, für die Gelegenheit bereit. Er ist der Schirm der Person: die geistige Schwäche setzt mehr herab als die körperliche. Viele hatten außerordentliche Fähigkeiten, aber weil es ihnen an Herz fehlte, lebten sie wie Tote und endigten begraben in ihrer Unthätigkeit. Nicht ohne Absicht hat die sorgsame Natur, in der Biene, die Süße des Honigs mit der Schärfe des Stachels verbunden. Sehnen und Knochen hat der Leib; so sei der Geist auch nicht lauter Sanftmut.

55. Warten können.

Es beweist ein großes Herz mit Reichtum an Geduld, wenn man nie in eiliger Hitze, nie leidenschaftlich ist. Erst sei man Herr über sich: so wird man es nachher über Andere seyn. Nur durch die weiten Räume der Zeit gelangt man zum Mittelpunkte der Gelegenheit. Weise Zurückhaltung bringt die richtigen, lange geheim zu haltenden Beschlüsse zur Reife. Die Krücke der Zeit richtet mehr aus als die eiserne Keule des Hercules. Gott selbst züchtigt nicht mit dem Knittel, sondern mit der Zeit. Es war ein großes Wort: »die Zeit und ich nehmen es mit zwei Andern auf.[2]« Das Glück selbst krönt das Warten durch die Größe des Lohns.

---

[2] Dies soll Philipp der Zweite gesagt haben.

56. Geistesgegenwart haben.

Sie entspringt aus einer glücklichen Schnelligkeit des Geistes. Für sie giebt es keine Gefahren noch Unfälle, kraft ihrer Lebendigkeit und Aufgeweckheit. Manche denken viel nach, um nachher Alles zu verfehlen: Andre treffen Alles, ohne es vorher überlegt zu haben. Es giebt antiparastatische Genies, die erst in der Klemme am besten wirken: sie sind eine Art Ungeheuer, denen aus dem Stegreif Alles, mit Ueberlegung Nichts gelingt: was ihnen nicht gleich einfällt, finden sie nie: in ihrem Kopfe ist kein Appellationshof. Die Raschen also erlangen Beifall, weil sie den Beweis einer gewaltigen Fähigkeit, Feinheit im Denken und Klugheit im Thun ablegen.

57. Sicherer sind die Ueberlegten:

schnell genug geschieht was gut geschieht. Was sich auf der Stelle macht, kann auch auf der Stelle wieder zunichte werden: aber was eine Ewigkeit dauern soll, braucht auch eine, um zu Stande zu kommen. Nur die Vollkommenheit gilt, und nur das Gelungene hat Dauer. Verstand und Gründlichkeit schaffen unsterbliche Werke. Was viel werth ist, kostet viel. Ist doch das edelste Metall das schwerste.

58. Sich anzupassen verstehen.

Nicht Allen soll man auf gleiche Weise seinen Verstand zeigen, und nie mehr Kraft verwenden, als grade nöthig ist. Nichts werde verschleudert, weder vom Wissen, noch vom Leisten. Der gescheute Falkonier läßt nicht mehr Vögel steigen, als die Jagd erfordert. Man lege nicht immer Alles zur Schau: sonst wird es morgen Keiner mehr bewundern. Immer habe man etwas Neues, damit zu glänzen: denn wer jeden Tag mehr aufdeckt, unterhält die Erwartung, und nie werden Gränzen seiner großen Fähigkeiten aufgefunden.

59. Das Ende bedenken.

Wenn man in das Haus des Glücks durch die Pforte des Jubels eintritt; so wird man durch die des Wehklagens wieder heraustreten; und umgekehrt. Daher soll man auf das Ende bedacht seyn, und seine Sorgfalt mehr auf ein glückliches Abgehn, als auf den Beifall beim Auftreten richten. Es ist das gewöhnliche Loos der Unglückskinder, einen gar fröhlichen Anfang, aber ein sehr tragisches Ende zu erleben. Das so gemeine Beifallsklatschen beim Auftreten ist nicht die Hauptsache, Allen wird es zu Theil; sondern das allgemeine Gefühl, das sich bei unserm Abtreten äußert. Denn die Zurückgewünschten sind selten, Wenige geleitet das Glück bis an die Schwelle: so höflich es gegen die Ankommenden zu seyn pflegt, so schnöde gegen die Abgehenden.

60.   Gesundes Urtheil.

Einige werden klug geboren: mit diesem Vortheil der angeborenen großen Obhut ihrer selbst treten sie an die Studien, und so ist ihnen die Hälfte des Weges zum Gelingen vorausgegeben: wann nun Alter und Erfahrung ihre Vernunft völlig zur Reife gebracht haben; so gelangen sie zu einem vollgültigen und richtigen Urtheil. Sie verabscheuen eigensinnige Grillen jeder Art, als Verführerinnen der Klugheit, zumal in Staatsangelegenheiten, welche, wegen ihrer hohen Wichtigkeit, vollkommne Sicherheit erfordern. Solche Leute verdienen am Staatsruder zu stehn, sei es zur Lenkung oder zum Rath.

61.   Das Höchste, in der höchsten Gattung:

ein gar einziger Vorzug, bei der Menge und Verschiedenheit der Vollkommenheiten. Es kann keinen großen Mann geben, der nicht in irgend etwas alle Andern überträfe. Mittelmäßigkeiten sind kein Gegenstand der Bewundrung. Die höchste Trefflichkeit in einem hervorstechenden Berufe kann allein uns aus der Menge der Gewöhnlichen herausheben und unter die Zahl der Seltenen versetzen. Ausgezeichnet seyn in einem geringen Berufe, heißt Etwas seyn, in dem, was wenig ist: was es am Angenehmen voraus haben mag, büßt es am Rühmlichen ein. Das Höchste leisten, und in der vorzüglichsten Gattung, drückt uns gleichsam einen Souveränitätskarakter auf, gebietet Bewunderung und gewinnt die Herzen.

62.   Sich guter Werkzeuge bedienen.

Einige wollen, daß die Nichtswürdigkeit ihrer Werkzeuge ihren eigenen Scharfsinn zu verherrlichen diene: eine gefährliche Genugthuung, welche vom Schicksal eine Züchtigung verdient. Nie hat die Trefflichkeit des Ministers die Größe seines Herrn verringert: vielmehr fällt der Ruhm des Gelungenen stets auf die Hauptursache zurück, wie auch, beim Gegentheil, der Tadel. Die Fama hält sich immer an die

Hauptpersonen: sie sagt nie: der hatte gute, dieser schlechte Diener; – sondern: der war ein guter, dieser ein schlechter Künstler. Also wähle man sie, prüfe man sie: denn einen unvergänglichen Ruhm hat man in ihre Hände zu legen.

63. Es ist ein großer Ruhm, der erste in der Art zu seyn,

und zwiefach, wenn Vortrefflichkeit dazu kommt. Großen Vortheil hat der Banquier, der mit den Karten in der Hand spielt: er gewinnt, wenn die Partie gleich ist. Mancher wäre ein Phönix in seinem Beruf gewesen; hätte er keine Vorgänger gehabt. Die Ersten jeder Art gehn mit dem Majorat des Ruhms davon: den Uebrigen bleiben eingeklagte Alimente: was sie auch immer thun mögen, so können sie den gemeinen Flecken, Nachahmer zu seyn, nicht abwaschen. Nur der Scharfsinn außerordentlicher Geister bricht neue Bahnen zur Auszeichnung, und zwar so, daß für die dabei zu laufende Gefahr die Klugheit gutsagt. Durch die Neuheit ihres Unternehmens haben Weise einen Platz in der Matrikel der großen Männer erworben. Manche mögen lieber die Ersten in der zweiten Klasse als die Zweiten in der ersten seyn.

64. Uebel vermeiden und sich Verdrießlichleiten ersparen, ist eine belohnende Klugheit. Vielen weiß die Vorsicht aus dem Wege zu gehen: sie ist die Lucina des Glücks und dadurch der Zufriedenheit. Schlimme Nachrichten soll man nicht über-bringen, noch weniger empfangen: den Eingang soll man ihnen untersagen, wenn es nicht der der Hülfe ist. Einige haben nur für die Süßigkeit der Schmeicheleien Ohren; Andere nur für die Bitterkeit der übeln Nachrede: und Manche können nicht ohne einen täglichen Aerger leben, wie Mithridat nicht ohne Gift. Ebenfalls ist es keine Regel der Selbsterhaltung, daß man sich eine Betrübniß auf Zeit Lebens bereite, um einem Andern, und stände er uns noch so nahe, ein Mal einen Gefallen zu thun. Nie soll man gegen seine eigene Wohlfahrt sündigen, um dem zu gefallen, der seinen Rath ertheilt und aus dem Handel herausbleibt. Und bei jeder Begebenheit, wo dem Andern eine Freude, sich selber einen Schmerz bereiten hieße, ist die passende Regel, es sei besser, daß er jetzt betrübt werde, als du nachher und ohne Nachhülfe.

65.   Erhabener Geschmack.

Er ist der Bildung fähig, wie der Verstand. Je mehr Einsicht, desto größere Anforderungen, und, werden sie erfüllt, desto mehr Genuß. Einen hohen Geist erkennt man an der Erhabenheit seiner Neigung: ein großer Gegenstand muß es seyn, der eine große Fähigkeit befriedigt. Wie große Bissen für einen großen Mund, sind erhabene Dinge für erhabene Geister. Die trefflichsten Gegenstände scheuen ihr Urtheil und die sichersten Vollkommenheiten verläßt das Zutrauen. Der Dinge erster Trefflichkeit sind wenige; daher sei die unbedingte Hochschätzung selten. Durch fortgesetzten Umgang theilt sich der Geschmack allmälig mit, weshalb es ein besonderes Glück ist, mit Leuten von richtigem Geschmack umzugehen. Andrerseits soll man nicht ein Gewerbe daraus machen, mit Allem unzufrieden zu seyn, welches ein höchst albernes Extrem ist, und noch abscheulicher, wann es aus Affektation, als wann es aus Verstimmung entspringt. Einige möchten, daß Gott eine andre Welt, mit ganz andern Vollkommenheiten schüfe, um ihrer ausschweifenden Phantasie eine Genüge zu thun.

66.   Den glücklichen Ausgang im Auge behalten

Manche setzen sich mehr die strenge Richtigkeit der Maaßregeln zum Ziel, als das glückliche Erreichen des Zwecks: allein stets wird, in der öffentlichen Meinung, die Schmach des Mißlingens die Anerkennung ihrer sorgfältigen Mühe überwiegen. Wer gesiegt hat, braucht keine Rechenschaft abzulegen. Die genaue Beschaffenheit der Umstände können die Meisten nicht sehn, sondern bloß den guten oder schlechten Erfolg: daher wird man nie in der Meinung verlieren, wenn man seinen Zweck erreicht. Ein gutes Ende übergoldet Alles, wie sehr auch immer das Unpassende der Mittel dagegen sprechen mag. Denn zu Zeiten besteht die Kunst darin, daß man gegen die Regeln der Kunst verfährt, wann ein glücklicher Ausgang anders nicht zu erreichen steht.

67.   Beifällige Aemter vorziehen.

Die meisten Dinge hängen von fremder Gunst ab. Die Wertschätzung ist für die Talente, was der West für die Blumen: Athem und Leben. Es giebt Aemter und Beschäftigungen, die dem allgemeinen Beifallsrufe offen stehen, und andre, die zwar wichtiger sind, jedoch sich keines Ansehns erfreuen. Jene erlangen die allgemeine Gunst, weil sie vor den Augen Aller ausgeübt werden: diese, wenn sie gleich mehr vom Seltenen und Werthvollen an sich haben, bleiben in ihrer Zurückgezogenheit unbeachtet, zwar geehrt, aber ohne Beifall. Unter den Fürsten sind die siegreichen die berühmten: deshalb standen die Könige von Arragon in so hohen Ehren, als Krieger, Erobrer, große Männer. Der begabte Mann ziehe die gepriesenen Aemter vor, die Allen sichtbar sind und deren Einfluß sich auf Alle erstreckt: dann wird die allgemeine Stimme ihm unvergänglichen Ruhm verleihen.

68. Es ist von höherm Werth, Verstand als Gedächtniß zu leihen:

um so viel, als man bei diesem nur zu erinnern, bei jenem aufzufassen hat. Manche unterlassen Dinge, die grade an der Zeit wären, weil solche sich ihnen nicht darbieten: dann helfe eines Freundes Umsicht auf die Spur des Passenden. Eine der größten Geistesgaben ist die, daß Einem sich darbiete, was Noth thut: weil es daran fehlt, unterbleiben manche Dinge, die gelungen wären. Theile sein Licht mit, wer es hat, und bewerbe sich darum, wer dessen bedarf; jener mit Zurückhaltung, dieser mit Aufmerksamkeit. Man gebe nicht mehr, als ein Stichwort: diese Feinheit ist nöthig, wenn der Nutzen des Erweckenden irgend mit im Spiel ist: man zeige seine Bereitwilligkeit und gehe weiter, wenn mehr verlangt wird: hat man nun das Nein; so suche man das Ja zu finden, mit Geschick: denn das Meiste wird nicht erlangt, weil es nicht unternommen wird.

69. Sich nicht gemeiner Launenhaftigkeit hingeben.

Der ist ein großer Mann, welcher nie von fremdartigen Eindrücken bestimmt wird. Beobachtung seiner selbst ist eine Schule der Weisheit. Man kenne seine gegenwärtige Stimmung und baue ihr vor: ja, man werfe sich aufs entgegengesetzte Extrem, um zwischen dem Natürlichen und Künstlichen den Punkt zu treffen, wo auf der Waage der Vernunft die Zunge einsteht. Der Anfang der Selbstbesserung ist die Selbsterkenntniß. Es giebt Ungeheuer von Verstimmtheit: immer sind sie bei irgend einer Laune, und mit dieser wechseln sie die Neigungen: so immerwährend von einer niederträchtigen Verstimmung am Seile geschleppt, lassen sie sich auf grade entgegengesetzten Seiten ein. Und nicht bloß den Willen verdirbt dieser ausschweifende Hang; auch an den Verstand wagt er sich: Wollen und Erkennen wird durch ihn verschroben.

70. Abzuschlagen verstehn.

Nicht Allen und nicht Alles darf man zugestehn. Jenes ist also ebenso wichtig, als daß man zu bewilligen wisse. Besonders ist den Mächtigen Aufmerksamkeit darauf dringend nöthig: hier kommt viel auf die Art an. Das Nein des Einen wird höher geschätzt als das Ja mancher Andern: denn ein vergoldetes Nein befriedigt mehr, als ein trockenes Ja. Viele giebt es, die immer das Nein im Munde haben, wodurch sie den Leuten Alles verleiden. Das Nein ist bei ihnen immer das Erste: und wenn sie auch nachher Alles bewilligen, so schätzt man es nicht, weil es durch jenes schon verleidet ist. Man soll nichts gleich rund abschlagen, vielmehr lasse man die Bittsteller Zug vor Zug von ihrer Selbsttäuschung zurückkommen. Auch soll man nie etwas ganz und gar verweigern: denn das hieße jenen die Abhängigkeit aufkündigen: man lasse immer noch ein wenig Hoffnung übrig, die Bitterkeit der Weigerung zu versüßen. Endlich fülle man durch Höflichkeit die Lücke aus, welche die Gunst hier läßt, und setze schöne Worte an die Stelle der Werke. Ja und Nein sind schnell gesagt, erfordern aber langes Nachdenken.

71. Nicht ungleich seyn:

nicht widersprechend in seinem Benehmen, weder von Natur noch aus Affektation. Ein verständiger Mann ist stets derselbe, in allen seinen Vollkommenheiten, und erhält sich dadurch den Ruf der Gescheutheit: Veränderungen können bei ihm nur aus äußern Ursachen oder fremden Verdiensten entstehn. In Sachen der Klugheit ist die Abwechselung eine Häßlichkeit. Es giebt Leute, die alle Tage Andre sind: sogar ihr Verstand ist ungleich, noch mehr ihr Wille und bis auf ihr Glück. Was gestern das Weiße ihres Ja war, ist heute das Schwarze ihres Nein. So arbeiten sie beständig ihrem eigenen Kredit und Ansehn entgegen und verwirren die Begriffe der Andern.

72.   Ein Mann von Entschlossenheit.

Nicht so verderblich ist die schlechte Ausführung, als die Unentschlossenheit. Flüssigkeiten verderben weniger solange sie fließen, als wann sie stocken. Es giebt zum Entschluß ganz unfähige Leute, die stets des fremden Antriebes bedürfen: und bisweilen entspringt dies nicht sowohl aus Verworrenheit der Urteilskraft, die bei ihnen vielmehr sehr hell ist, als aus Mangel an Thatkraft. Schwierigkeiten auffinden, beweist Scharfsinn; jedoch noch größern das Auffinden der Auswege aus ihnen. – Andre hingegen giebt es, die nichts in Verlegenheit setzt: von umfassendem Verstande und entschlossenem Karakter, sind sie für die höchsten Stellen geboren: denn ihr aufgeweckter Kopf befördert den Geschäftsgang und erleichtert das Gelingen. Sie sind gleich mit Allem fertig: und haben sie Einer Welt Rede gestanden; so bleibt ihnen noch Zeit für eine zweite übrig. Haben sie nur erst vom Glück Handgeld erhalten, so greifen sie mit größrer Sicherheit in die Geschäfte.

73.   Vom Versehn Gebrauch zu machen wissen.

Dadurch helfen kluge Leute sich aus Verwickelungen. Mit dem leichten Anstande einer witzigen Wendung kommen sie oft aus dem verworrensten Labyrinth. Aus dem schwierigsten Streite entschlüpfen sie artig und mit Lächeln. Der größte aller Feldherren setzte darin seinen Werth. Wo man etwas abzuschlagen hat, ist es eine höfliche List, das Gespräch auf andere Dinge zu lenken: und keine größre Feinheit giebt es, als nicht zu verstehn.

74.   Nicht von Stein seyn.

In den bevölkertsten Orten hausen die rechten wilden Thiere. Die Unzugänglichkeit ist ein Fehler, der aus dem Verkennen seiner selbst entspringt: da verändert man mit dem Stande den Karakter; wiewohl es kein passender Weg zur allgemeinen Hochachtung ist, daß man damit anfängt, Allen ärgerlich zu seyn. Ein sehenswerthes Schauspiel ist ein so unzugängliches Ungeheuer, stets von seiner trotzenden Inhumanität besessen: die Abhängigen, deren hartes Schicksal will, daß sie mit ihm zu reden haben, treten ein, wie zum Kampf mit einem Tiger, gerüstet mit Behutsamkeit und voll Furcht. Solche Leute wußten, um zu ihren Stellungen zu gelangen, sich bei Allen beliebt zu machen: und jetzt, da sie solche inne haben, suchen sie sich dadurch zu entschädigen, daß sie sich Allen verhaßt machen. Vermöge ihres Amtes sollen sie für Viele daseyn; sind aber, aus Trotz oder Stolz, für Keinen da. Eine feine Züchtigung für sie ist, daß man sie stehn lasse, indem man ihnen den Umgang und mit diesem die Klugheit entzieht.

75. Sich ein heroisches Vorbild wählen:

mehr zum Wetteifer, als zur Nachahmung. Es giebt Muster der Größe, lebendige Bücher der Ehre. Jeder stelle sich die Größten in seinem Berufe vor, nicht sowohl um ihnen nachzuahmen, als zur Anspornung. Alexander weinte nicht über den begrabenen Achilles, sondern über sich, dessen Ruhm noch nicht recht auf die Welt gekommen war. Nichts erweckt so sehr den Ehrgeiz im Herzen, als die Posaune des fremden Ruhms. Eben das, was den Neid zu Boden wirft, ermuthigt ein edles Gemüth.

76. Nicht immer Scherz treiben.

Der Verstand eines Mannes zeigt sich im Ernsthaften, welches daher mehr Ehre bringt, als das Witzige. Wer immer scherzt, ist nie der Mann für ernste Dinge. Man stellt ihn dem Lügner gleich, sofern man beiden nicht glaubt, indem man beim Einen Lügen, beim Andern Possen besorgt. Nie weiß man, ob er bei Vernunft spricht, welches so viel ist, als hätte er keine. Nichts geziemt sich weniger, als das beständige Schäkern. Manche erwerben sich den Ruf, witzige Köpfe zu seyn, auf Kosten des Kredits für gescheute Leute zu gelten. Sein Weilchen mag der Scherz haben, aber alle übrige Zeit gehöre dem Ernst.

77. Sich Allen zu fügen wissen:

ein kluger Proteus: gelehrt mit dem Gelehrten, heilig mit dem Heiligen. Eine große Kunst, um Alle zu gewinnen: denn die Uebereinstimmung erwirbt Wohlwollen. Man beobachte die Gemüther und stimme sich nach dem eines Jeden. Man lasse sich vom Ernsten und vom Jovialen mit fortreißen, indem man eine politische Verwandlung mit sich vornimmt. Abhängigen Personen ist diese Kunst dringend nöthig. Aber als eine große Feinheit erfordert sie viel Talent: weniger schwer wird sie dem Manne, dessen Kopf in Kenntnissen und dessen Geschmack in Neigungen vielseitig ist.

78. Kunst im Unternehmen.

Die Dummheit fällt allemal mit der Thüre ins Haus: denn alle Dummen sind verwegen. Dieselbe Einfalt, welche ihnen die Aufmerksamkeit Vorkehrungen zu treffen benimmt, macht sie nachher gefühllos gegen den Schimpf des Mißlingens. Hingegen gehen die Klugen mit großer Vorsicht zu Werke. Ihre Kundschafter sind Aufpassen und Behutsamkeit: diese gehen forschend voran, damit man ohne Gefahr auftreten könne. Jede Verwegenheit ist von der Klugheit zum Untergang verurtheilt; wenn auch bisweilen das Glück sie begnadigt. Mit Zurückhaltung muß man vorschreiten, wo tiefer Grund zu fürchten ist. Die Schlauheit gehe spürend voran, bis die Vorsicht allmälig Grund und Boden gewinnt. Heut zu Tage sind im menschlichen Umgang große Untiefen: man muß bei jedem Schritt das Senkblei gebrauchen.

79. Joviales Gemüth.

Wenn mit Mäßigung, ist es eine Gabe, kein Fehler. Ein Gran Munterkeit würzt Alles. Die größten Männer treiben auch bisweilen Possen, und es macht sie bei Allen beliebt; jedoch verlieren sie dabei nie die Rücksichten der Klugheit, noch die Achtung vor dem Anstand aus den Augen. Andere wiederum helfen sich durch einen Scherz auf dem kürzesten Wege aus Verwickelungen: denn es giebt Dinge, die man als Scherz nehmen muß, und bisweilen sind es grade die, welche der Andre am ernstlichsten gemeint hat. Man legt dadurch Friedfertigkeit an den Tag, die ein Magnet der Herzen ist.

80. Bedacht im Erkundigen.

Man lebt hauptsächlich auf Erkundigung. Das Wenigste ist, was wir sehn: wir leben auf Treu und Glauben. Nun ist aber das Ohr die Nebenthüre der Wahrheit, die Hauptthüre der Lüge. Die Wahrheit wird meistens gesehn, nur ausnahmsweise gehört. Selten gelangt sie rein und unverfälscht zu uns, am wenigsten, wann sie von Weitem kommt: da hat sie immer eine Beimischung von den Affekten, durch die sie gieng. Die Leidenschaft färbt Alles, was sie berührt, mit ihren Farben, bald günstig, bald ungünstig. Sie bezweckt immer irgend einen Eindruck: daher leihe man nur mit großer Behutsamkeit sein Ohr dem Lober, mit noch größerer dem Tadler. In diesem Punkt ist unsre ganze Aufmerksamkeit vonnöthen, damit wir die Absicht des Vermittelnden herausfinden und schon zum voraus sehn, mit welchem Fuß er vortritt. Die schlaue Ueberlegung sei der Wardein des Übertriebenen und des Falschen.

81. Seinen Glanz erneuern.

Es ist das Vorrecht des Phönix. Die Trefflichkeiten werden alt, und mit ihnen der Ruhm: ein mittelmäßiges Neues sticht oft das Ausgezeichneteste, wenn es alt geworden ist, aus. Man bewirke also seine Wiedergeburt, in der Tapferkeit, im Genie, im Glück, in Allem. Man trete mit neuen, glänzenden Sachen hervor und gehe, wie die Sonne, wiederholt auf. Auch wechsele man den Schauplatz seines Glanzes, damit hier das Entbehren Verlangen, dort die Neuheit Beifall erwecke.

82. Nichts bis auf die Hefen leeren,

weder das Schlimme, noch das Gute. Ein Weiser Aristoteles. führte auf Mäßigung die ganze Weisheit zurück. Das größte Recht wird zum Unrecht; und drückt man die Apfelsine zu sehr, so giebt sie zuletzt das Bittre. Auch im Genuß gehe man nie aufs Aeußerste. Sogar der Geist wird stumpf, wenn man ihn bis aufs Letzte anstrengt: und Blut statt Milch erhält, wer auf eine grausame Weise abzapft.

83. Sich verzeihliche Fehler erlauben:

denn eine Nachlässigkeit ist zu Zeiten die größte Empfehlung der Talente. Der Neid übt einen niederträchtigen, frevelhaften Ostracismus aus. Dem ganz Vollkommnen wird er es zum Fehler anrechnen, daß es keine Fehler hat, und wird es als ganz vollkommen ganz verurtheilen. Er wird zum Argus, um am Vortrefflichen Makel zu suchen, wenn auch nur zum Trost. Der Tadel trifft, wie der Blitz, grade die höchsten Leistungen. Daher schlafe Homer bisweilen, und man affektire einige Nachlässigkeiten, sei es im Genie, sei es in der Tapferkeit, – jedoch nie in der Klugheit, – um das Mißwollen zu besänftigen, daß es nicht berste vor Gift. Man werfe gleichsam dem Stier des Neides den Mantel zu, die Unsterblichkeit zu retten.

84. Von den Feinden Nutzen ziehn

Man muß alle Sachen anzufassen verstehn, nicht bei der Schneide, wo sie verletzen, sondern beim Griff, wo sie beschützen; am meisten aber das Treiben der Widersacher. Dem Klugen nützen seine Feinde mehr, als dem Dummen seine Freunde. Das Mißwollen ebnet oft Berge von Schwierigkeiten, mit welchen es aufzunehmen die Gunst sich nicht getraute. Vielen haben ihre Größe ihre Feinde auferbaut. Gefährlicher als der Haß ist die Schmeichelei, weil diese die Flecken verhehlt, die jener auszulöschen arbeitet. Der Kluge macht aus dem Groll einen Spiegel, welcher treuer ist als der der Zuneigung, und beugt dann der Nachrede seiner Fehler vor, oder bessert sie. Denn die Behutsamkeit wird groß, wenn Nebenbuhlerei und Mißwollen die Grenznachbarn sind.

85. Nicht die Manille[3] sehn.

Es ist ein Gebrechen alles Vortrefflichen, daß sein vieler Gebrauch zum Mißbrauch wird. Grade das Streben Aller danach führt zuletzt dahin, daß es Allen zum Ekel wird. Zu nichts zu taugen, ist ein großes Unglück; ein noch größres aber zu Allem taugen zu wollen: solche Leute verlieren durch zu vieles Gewinnen, und werden zuletzt Allen so sehr zum Abscheu, als sie anfangs begehrt waren. Diese Manillen nutzen die Vollkommenheiten jeder Art an sich ab: und nachdem sie aufgehört haben als selten geschätzt zu werden, werden sie als gemein verachtet. Das einzige Mittel gegen ein solches Extrem ist, daß man im Glänzen ein Maaß beobachte: das Uebermäßige sei in der Vollkommenheit selbst; im Zeigen derselben aber sei Mäßigung. Je mehr eine Fackel leuchtet, desto mehr verzehrt sie sich und verkürzt ihre Dauer. Kargheit im Sichzeigen erhält erhöhte Wertschätzung zum Lohn.

86. Uebler Nachrede vorbeugen.

Der große Haufen hat viele Köpfe, und folglich viele Augen zur Mißgunst und viele Zungen zur Verunglimpfung. Geschieht es, daß unter ihm irgend eine üble Nachrede in Umlauf kommt; so kann das größte Ansehn darunter leiden: wird solche gar zu einem gemeinen Spitznamen; so kann sie die Ehre untergraben. Den Anlaß giebt meistens irgend ein hervorstechender Uebelstand, ein lächerlicher Fehler, wie denn dergleichen der passendeste Stoff zum Geschwätz ist. Oft aber auch ist es die Tücke Einzelner, welche der allgemeinen Bosheit Verunglimpfungen zuführt. Denn es giebt Lästermäuler, und diese richten einen großen Ruf schneller durch ein Witzwort, als durch einen offen hingeworfenen,

---

[3] Ausdruck aus dem L'Hombre-Spiel.

frechen Vorwurf zu Grunde. Man kommt gar leicht in schlechten Ruf, weil das Schlechte sehr glaublich ist; sich rein zu waschen, hält aber schwer. Der kluge Mann vermeide also solche Unfälle und stelle der Unverschämtheit des gemeinen Haufens seine Wachsamkeit entgegen: denn leichter ist das Verhüten als die Abhülfe.

87.   Bildung und Eleganz.

Der Mensch wird als ein Barbar geboren und nur die Bildung befreit ihn von der Bestialität. Die Bildung macht den Mann, und um so mehr, je höher sie ist. Kraft derselben durfte Griechenland die ganze übrige Welt Barbaren heißen. Die Unwissenheit ist sehr roh: nichts bildet mehr als Wissen. Jedoch das Wissen selbst ist ungeschlacht, wenn es ohne Eleganz ist. Nicht allein unsre Kenntnisse müssen elegant seyn, sondern auch unser Wollen und zumal unser Reden. Es giebt Leute von natürlicher Eleganz, von innerer und äußerer Zierlichkeit, im Denken, im Reden, im Putz des Leibes, welcher der Rinde zu vergleichen ist, wie die Talente des Geistes der Frucht. Andre dagegen sind so ungehobelt, daß Alles was ihr ist, ja zuweilen ausgezeichnete Trefflichkeiten, eine unerträgliche, barbarische Ungeschlachtheit verunstaltet.

88.   Das Betragen sei großartig, Erhabenheit anstrebend.

Der große Mann darf nicht kleinlich in seinem Verfahren seyn. Nie muß man in den Angelegenheiten zu sehr ins Einzelne gehn, am wenigsten wenn sie verdrießlicher Art sind: denn obschon es ein Vortheil ist, Alles gelegentlich zu bemerken, so ist es doch keiner, Alles absichtlich untersuchen zu wollen. Gewöhnlich gehe man mit einer edlen Allgemeinheit zu Werke, die zum vornehmen Anstand gehört. Bei der Lenkung Andrer ist eine Hauptsache das Nicht-sehn-wollen. Die meisten Dinge muß man unbeachtet hingehn lassen, zwischen Verwandten, Freunden und zumal zwischen Feinden. Alles Uebermaaß ist widerlich, und am meisten bei verdrießlichen Dingen. Das abermals und immer wieder auf einen Verdruß Zurückkommen ist eine Art Verrücktheit. Das Betragen eines Jeden wird gemeiniglich ausfallen, nachdem sein Herz und sein Verstand ist.

89. Kenntniß seiner selbst

, an Sinnesart, an Geist, an Urtheil, an Neigungen. Keiner kann Herr über sich seyn, wenn er sich nicht zuvor begriffen hat. Spiegel giebt es für das Antlitz, aber keine für die Seele: daher sei ein solcher das verständige Nachdenken über sich: allenfalls vergesse man sein äußeres Bild, aber erhalte sich das innere gegenwärtig, um es zu verbessern, zu vervollkommnen: man lerne die Kräfte seines Verstandes und seine Feinheit zu Unternehmungen kennen: man untersuche seine Tapferkeit, zum Einlassen in Händel: man ergründe seine ganze Tiefe und wäge seine sämmtlichen Fähigkeiten, zu Allem.

90. Kunst lange zu leben.

Gut leben. Zwei Dinge werden schnell mit dem Leben fertig: Dummheit und Liederlichkeit. Die Einen verlieren es, weil sie es zu bewahren nicht den Verstand, die Andern, weil sie nicht den Willen haben. Wie Tugend ihr eigner Lohn, ist Laster seine eigne Strafe. Wer eifrig dem Laster lebt, endigt bald, im zwiefachen Sinn: wer eifrig der Tugend lebt, stirbt nie. Die Untadelhaftigkeit der Seele theilt sich dem Leibe mit: und ein gutgeführtes Leben wird nicht nur intensiv, sondern selbst extensiv ein langes seyn. –

91. Nie bei Skrupeln über Unvorsichtigkeit zum Werke schreiten

. Die bloße Besorgniß des Mißlingens im Handelnden ist schon völlige Gewißheit im Zuschauer, zumal wenn er ein Nebenbuhler ist. Wenn schon in der ersten Hitze des Unternehmens die Urtheilskraft Skrupel hegte; so wird sie nachher, im leidenschaftslosen Zustand, das Verdammungsurtheil offenbarer Thorheit aussprechen. Handlungen, an deren Vorsichtigkeit wir zweifeln, sind gefährlich, und sicherer wäre das Unterlassen. Die Klugheit läßt sich nicht auf Wahrscheinlichkeiten ein: sie wandelt stets am hellen Mittagslichte der Vernunft. Wie soll ein Unternehmen gut ablaufen, dessen Entwurf schon die Besorgniß verurtheilt? Und wenn die durchdachtesten, vom Nemine discrepante unsers Innern bestätigten Beschlüsse oft einen unglücklichen Ausgang nehmen; was haben solche zu erwarten, die bei schwankender Vernunft und Schlimmes augurirender Urtheilskraft gefaßt wurden?

92.   Überschwenglicher Verstand.

Ich meine, in Allem. Die erste und höchste Regel zum Handeln und zum Reden, notwendiger je höher unsre Stellung ist, heißt: ein Gran Klugheit ist besser als Centner Spitzfindigkeiten. Dabei wandelt man sicher, wenn auch nicht mit so lautem Beifall; obwohl der Ruf der Klugheit der Triumph des Ruhmes ist. Es sei hinlänglich, den Gescheuten genügt zu haben, deren Urtheil der Probirstein gelungener Thaten ist.

93.   Universalität.

Ein Mann, der alle Vollkommenheiten vereint, gilt für Viele. Indem er den Genuß derselben seinem Umgange mittheilt, verschönert er das Leben. Abwechselung mit Vollkommenheit gewährt die beste Unterhaltung. Es ist eine große Kunst, sich alles Gute aneignen zu können. Und da die Natur aus dem Menschen, indem sie ihn so hoch stellte, einen Inbegriff ihrer ganzen Schöpfung gemacht hat; so mache ihn nun auch die Kunst zu einer kleinen Welt, durch Uebung und Bildung des Verstandes und des Geschmacks.

94.   Unergründlichkeit der Fähigkeiten.

Der Kluge verhüte, daß man sein Wissen und sein Können bis auf den Grund ermesse, wenn er von Allen verehrt sein will. Er lasse zu, daß man ihn kenne, aber nicht, daß man ihn ergründe. Keiner muß die Grenzen seiner Fähigkeiten auffinden können; wegen der augenscheinlichen Gefahr einer Enttäuschung. Nie gebe er Gelegenheit, daß Einer ihm ganz auf den Grund komme. Denn größre Verehrung erregt die Muthmaaßung und der Zweifel über die Ausdehnung der Talente eines Jeden, als die genaue Kundschaft davon, so groß sie auch immer seyn mögen.

95.   Die Erwartung rege erhalten:

man muß sie stets zu kirren wissen: das Viele verspreche noch mehr, die glänzendeste That kündige noch glänzendere an. Man muß nicht seinen ganzen Rest an den ersten Wurf setzen. Ein großer Kunstgriff ist, daß man sich zu mäßigen wisse, im Anwenden seiner Kräfte und seines Wissens, so daß man immer mehr und mehr die Erwartungen befriedigen könne.

96.   Die große Obhut seiner selbst.

Sie ist der Thron der Vernunft, die Grundlage der Vorsicht und durch sie gelingt Alles leicht. Sie ist eine Gabe des Himmels, und als die erste und größte, die wünschenswerteste. Sie ist das Hauptstück der Rüstung und von so großer Wichtigkeit, daß die Abwesenheit keines andern den Mann unvollständig macht, sondern nur als ein Mehr oder Minder bemerkt wird. Alle Handlungen des Lebens hängen von ihrem Einfluß ab, und sie ist zu allen erfordert: denn Alles muß mit Verstand geschehn. Sie besteht in einem natürlichen Hange zu Allem, was der Vernunft am angemessensten ist, wodurch man bei allen Fällen das Richtigste ergreift.

97.   Ruf erlangen und behaupten:

es ist die Benutzung der Fama. Der Ruf ist schwer zu erlangen: denn er entsteht nur aus ausgezeichneten Eigenschaften: und diese sind so selten, als die mittelmäßigen häufig. Einmal erlangt aber, erhält er sich leicht. Er legt Verbindlichkeiten auf; aber er wirkt noch mehr. Geht er, wegen der Erhabenheit seiner Ursache und seiner Sphäre, bis zur Verehrung; so verleiht er uns eine Art Majestät. Jedoch ist nur der wirklich gegründete Ruf von unvergänglicher Dauer.

98.   Sein Wollen nur in Ziffernschrift.

Die Leidenschaften sind die Pforten der Seele. Das praktischeste Wissen besteht in der Verstellungskunst. Wer mit offenen Karten spielt, läuft Gefahr zu verlieren. Die Zurückhaltung des Vorsichtigen kämpfe gegen das Aufpassen des Forschenden: gegen Luchse an Spürgeist, Tintenfische[4] an Verstecktheit. Selbst unsern Geschmack darf Keiner kennen: damit man ihm nicht begegne, entweder durch Widerspruch oder durch Schmeichelei.

99.   Wirklichkeit und Schein.

Die Dinge gelten nicht für das, was sie sind; sondern für das, was sie scheinen. Selten sind die, welche ins Innere schauen, und Viele die, welche sich an den Schein halten. Recht zu haben, reicht nicht aus; wenn mit dem Schein der Arglist.

---

[4] Bekanntlich läßt die Sepia oder der Tintenfisch, wenn verfolgt, ihren braunen Färbestoff von sich, das Wasser zu verdunkeln.

100. **Ein vorurteilsfreier Mann,**

ein weiser Christ, ein philosophischer Hofmann – seyn, aber nicht scheinen, geschweige affektiren. Die Philosophie ist außer Ansehn gekommen: und doch war sie die höchste Beschäftigung der Weisen. Die Wissenschaft der Denker hat alle Achtung verloren. Seneka führte sie in Rom ein; eine Zeit lang fand sie Gunst bei Hofe: jetzt gilt sie für eine Ungebührlichkeit. Und doch war stets die Aufdeckung des Trugs die Nahrung des denkenden Geistes, die Freude der Rechtschaffenen.

101. **Die eine Hälfte der Welt lacht über die andre,**

und Narren sind Alle. Jedes ist gut und Jedes ist schlecht; wie es die Stimmen wollen. Was Dieser wünscht, haßt Jener. Ein unerträglicher Narr ist, wer alles nach seinen Begriffen ordnen will. Nicht von Einem Beifall allein hängen die Vollkommenheiten ab. So viele Sinne als Köpfe, und so verschieden. Es giebt keinen Fehler, der nicht seinen Liebhaber fände: auch dürfen wir nicht den Muth verlieren, wenn unsre Sachen Einigen nicht gefallen: denn Andre werden nicht ausbleiben, die sie zu schätzen wissen: aber auch über den Beifall dieser darf man nicht eitel werden; denn wieder Andre werden sie verwerfen. Die Richtschnur der wahren Zufriedenheit ist der Beifall berühmter Männer und die in dieser Gattung eine Stimme haben. Man lebt nicht von Einer Stimme, noch von Einer Mode, noch von Einem Jahrhundert.

102. **Für große Bissen des Glücks einen Magen haben.**

Am Leibe der Gescheutheit ist ein nicht unwichtiger Theil ein großer Magen: denn das Große besteht aus großen Theilen. Große Glücksfälle setzen den nicht in Verlegenheit, der noch größrer würdig ist. Was Manchem schon Ueberfüllung, ist dem Andern noch Hunger. Vielen giebt ein ansehnliches Gericht gleich Unverdaulichkeit, wegen der Kleinheit ihrer Natur, die zu hohen Aemtern weder geboren, noch erzogen ist: ihr Benehmen zeigt danach gleich eine gewisse Säure, die von der unverdienten Ehre aufsteigenden Dämpfe machen ihnen den Kopf schwindlig, wodurch sie an hohen Orten große Gefahr laufen, und sie möchten platzen, weil ihr Glück in ihnen keinen Raum findet. Dagegen zeige der große Mann, daß er noch viel Gelaß für größere Dinge hat und mit besondrer Sorgfalt meide er Alles, was Anzeichen eines kleinen Herzens geben könnte.

103.   Jeder sei, in seiner Art, majestätisch.

Wenn er auch kein König ist, müssen doch alle seine Handlungen, nach seiner Sphäre, eines Königs würdig seyn und sein Thun, in den Grenzen seines Standes und Berufs, königlich. Erhaben seien seine Handlungen, von hohem Flug seine Gedanken und in allem seinem Treiben stelle er einen König an Verdienst, wenn auch nicht an Macht dar: denn das wahrhaft Königliche besteht in der Untadelhaftigkeit der Sitten: und so wird der die Größe nicht beneiden dürfen, der ihr zum Vorbild dienen könnte. Besonders aber sollte denen, welche dem Throne näher stehn, etwas von der wahren Überlegenheit ankleben und sie sollten lieber die wahrhaft Königlichen Eigenschaften als ein eitles Ceremoniell sich anzueignen suchen, nicht eine leere Aufgeblasenheit affektiren, sondern das wesentlich Erhabene annehmen.

104.   Den Aemtern den Puls gefühlt haben.

Ihre mannigfaltige Verschiedenheit zu kennen, ist eine meisterliche Kunde, die Aufmerksamkeit verlangt. Einige erfordern Muth, andere scharfen Verstand. Leichter zu verwalten sind die, wobei es auf Rechtschaffenheit, und schwerer die, wobei es auf Geschicklichkeit ankommt. Zu jenen gehört nichts weiter als ein rechtlicher Karakter: für diese hingegen reicht alle Aufmerksamkeit und Eifer nicht aus. Es ist eine mühsame Beschäftigung, Menschen zu regieren, und vollends Narren oder Dummköpfe. Doppelten Verstand hat man nöthig bei denen, die keinen haben. Unerträglich aber sind die Aemter, welche den ganzen Menschen in Anspruch nehmen, zu gezählten Stunden und bei bestimmter Materie: besser sind die, welche keinen Ueberdruß verursachen, indem sie den Ernst mit Mannigfaltigkeit versetzen; denn die Abwechselung muntert auf. Des größten Ansehns genießen die, wobei die Abhängigkeit geringer, oder doch entfernter ist. Die schlimmsten aber sind die, wegen derer man in dieser und noch mehr in jener Welt schwitzen muß.

105. **Nicht lästig seyn.**

Der Mann von Einem Geschäft und Einer Rede pflegt sehr beschwerlich zu fallen. Die Kürze ist einnehmend und dem Geschäftsgang gemäßer. Sie ersetzt an Höflichkeit, was ihr an Ausdehnung abgeht. Das Gute, wenn kurz, ist doppelt gut; und selbst das Schlimme, wenn wenig, ist nicht so schlimm. Quintessenzen sind wirksamer als ein ganzer Wust. Auch ist es eine bekannte Wahrheit, daß weitläufige Leute selten von vielem Verstande sind; welches sich nicht sowohl im Materiellen der Anordnung, als im Formellen des Denkens zeigt. Es giebt Leute, welche mehr zum Hinderniß als zur Zierde der Welt dasind, unnütze Möbeln, die Jeder aus dem Wege rückt. Der Kluge hüte sich lästig zu sehn, und zumal den Großen, da diese ein sehr beschäftigtes Leben führen, und es schlimmer wäre, Einen von ihnen verdrießlich zu machen, als die ganze übrige Welt. Das gut Gesagte ist bald gesagt.

106. **Nicht mit seinem Glücke prahlen.**

Es ist beleidigender, mit Stand und Würde zu prunken, als mit persönlichen Eigenschaften. Das Sich breit machen ist verhaßt; man sollte am Neide genug haben. Hochachtung erlangt man desto weniger, je mehr man darauf ausgeht: denn sie hängt von der Meinung Andrer ab, weshalb man sie sich nicht nehmen kann, sondern sie von den Andern verdienen und abwarten muß. Hohe Aemter erfordern ein ihrer Ausübung angemessenes Ansehn, ohne welches sie nicht würdig verwaltet werden können: daher erhalte man ihnen die Ehre, die nöthig ist, um seiner Pflicht nachkommen zu können: man dringe nicht auf Ehrerbietung, wohl aber befördere man sie. Wer mit seinem Amte viel Aufhebens macht, verräth, daß er es nicht verdient hat und die Würde für seine Schultern zu viel ist. Wenn man ja sich geltend machen will, so sei es eher durch das Ausgezeichnete seiner Talente, als durch zufällige Aeußerlichkeiten. Selbst einen König soll man mehr wegen seiner persönlichen Eigenschaften ehren als wegen seiner äußerlichen Herrschaft.

104. **Keine Selbstzufriedenheit zeigen.**

Man sei weder unzufrieden mit sich selbst, denn das wäre Kleinmuth, – noch selbstzufrieden, denn das wäre Dummheit. Die Selbstzufriedenheit entsteht meistens aus Unwissenheit und wird zu einer Glückseligkeit des Unverstandes, die zwar nicht ohne Annehmlichkeit seyn mag, jedoch unserm Ruf und Ansehn nicht förderlich ist. Weil man die unendlich höhern Vollkommenheiten Andrer nicht einzusehn im Stande ist, wird man durch irgend ein gemeines und mittelmäßiges Talent in sich höchlich befriedigt. Mißtrauen ist stets klug und überdies auch nützlich, entweder um dem übeln Ausgang der Sachen vorzubeugen, oder um sich, wenn er da ist, zu trösten; da ein Unglück den nicht überrascht, der es schon fürchtete. Auch Homer schläft zu Zeiten, und Alexander fiel von seiner Höhe und aus seiner Täuschung. Die Dinge hängen von gar vielerlei Umständen ab, und was an Einer Stelle und bei Einer Gelegenheit einen Triumph feierte, wurde bei einer andern zu Schande. Inzwischen besteht die unheilbare Dummheit darin, daß die leerste Selbstzufriedenheit zu voller Blüthe aufgegangen ist und mit ihrem Saamen immer weiter wuchert.

108.   Sich gut zu gesellen verstehn, ist der kürzeste Weg ein ganzer Mann zu werden.

Der Umgang ist von eingreifender Wirkung: Sitten und Geschmack theilen sich mit; die Sinnesart, ja sogar den Geist nimmt man an, ohne es zu merken. Deswegen suche der Rasche sich dem Ueberlegten beizugesellen, und ebenso in den übrigen Sinnesarten, woraus, ohne Gewaltsamkeit, eine gemäßigte Stimmung hervorgehn wird. Es ist sehr geschickt, sich nach dem Andern stimmen zu können. Das Wechselspiel der Gegensätze verschönert, ja erhält die Welt, und was in der physischen Harmonie herbeiführt, wird es noch mehr in der moralischen. Man beobachte diese kluge Rücksicht bei der Wahl seiner Freunde und Diener: denn durch die Verbindung der Gegensätze wird man einen sehr gescheuten Mittelweg treffen.

109.   Kein Ankläger seyn.

Es giebt Menschen von finsterer Gemüthsart, die Alles zum Verbrechen stempeln, nicht von Leidenschaft, sondern von einem natürlichen Hange getrieben. Sie sprechen über Alle ihr Verdammungsurtheil aus, über Jene, für das, was sie gethan haben, über Diese, für das, was sie thun werden. Es zeugt von einem grausamen, ja niederträchtigen Sinn: und sie klagen mit einer solchen Uebertreibung an, daß sie aus Splittern Balken machen, die Augen damit auszustoßen. Ueberall sind sie Zuchtmeister, die ein Elysium in eine Galeere umwandeln möchten. Kommt gar noch Leidenschaft hinzu; so treiben sie

Alles aufs Aeußerste. Im Gegentheil weiß ein edles Gemüth für Alles eine Entschuldigung zu finden, und wenn nicht ausdrücklich, durch Nichtbeachtung.

110. Nicht abwarten, daß man eine untergehende Sonne sei.

Es ist eine Regel der Klugen, die Dinge zu verlassen, ehe sie uns verlassen. Man wisse, aus seinem Ende selbst sich einen Triumph zu bereiten. Sogar die Sonne zieht sich oft, noch bei hellem Scheine, hinter eine Wolke zurück, damit man sie nicht versinken sehe und ungewiß bleibe, ob sie untergegangen sei, oder nicht. Man entziehe sich zeitig den Unfällen, um nicht vor Beschämung vergehn zu müssen. Laßt uns nicht abwarten, daß die Welt uns den Rücken kehre und uns, noch im Gefühl lebendig, aber in der Hochachtung gestorben, zu Grabe trage. Der Kluge versetzt seinen Wettrenner bei Zeiten in den Ruhestand und wartet nicht ab, daß er, mitten auf der Rennbahn niederstürzend, Gelächter errege. Eine Schöne zerbreche schlau bei Zeiten ihren Spiegel, um es nicht später aus Ungeduld zu thun, wann er sie aus ihrer Täuschung gerissen hat.

111. Freunde haben.

Es ist ein zweites Daseyn. Jeder Freund ist gut und weise für den Freund, und unter ihnen geht Alles gut ab. Ein Jeder gilt so viel, als die Andern wollen; damit sie aber wollen, muß man ihr Herz und dadurch ihre Zunge gewinnen. Kein Zauber ist mächtiger, als erzeigte Gefälligkeit, und um Freunde zu erwerben, ist das beste Mittel, sich welche zu machen. Das Meiste und Beste, was wir haben, hängt von Andern ab. Wir müssen entweder unter Freunden, oder unter Feinden leben. Jeden Tag suche man einen zu erwerben, nicht gleich zum genauen, aber doch zum wohlwollenden Freunde: einige werden nachher, nachdem sie eine prüfende Wahl bestanden haben, als Vertraute zurückbleiben.

112. Sich Liebe und Wohlwollen erwerben:

denn sogar die erste und oberste Ursache läßt solche in ihre hohen Absichten eingehn und ordnet sie an. Mittelst des Wohlwollens erlangt man die günstige Meinung. Einige verlassen sich so sehr auf ihren Werth, daß sie die Erwerbung der Gunst verschmähen. Allein der Erfahrene weiß, daß der Weg der Verdienste allein, ohne Hülfe der Gunst, ein gar sehr langer ist. Alles erleichtert und ergänzt das Wohlwollen: nicht immer setzt es die guten Eigenschaften, wie Muth, Redlichkeit, Gelehrsamkeit, sogar Klugheit, voraus; nein, es nimmt sie ohne Weiteres als vorhanden an: hingegen die garstigen Fehler sieht es nie, weil es sie nicht sehn will. Es entsteht aus der Übereinstimmung, und zwar gewöhnlich aus der materiellen, dergleichen die der Sinnesart, der Nation, der Verwandtschaft, des Vaterlandes und des Amtes ist: die formelle ist höherer Art, sie ist die der Talente, der Verbindlichkeiten, des Ruhms, der Verdienste. Die ganze Schwierigkeit besteht im Erwerben des Wohlwollens; es zu erhalten ist leicht. Es läßt sich aber erlangen, und man wisse es zu nutzen.

113.   Im Glück aufs Unglück bedacht seyn.

Es ist eine gute Vorsorge, für den Winter im Sommer und mit mehr Bequemlichkeit den Vorrath zu sammeln. Zur Zeit des Glücks ist die Gunst wohlfeil und Ueberfluß an Freundschaften. Es ist gut, sie zu bewahren für die Zeit des Mißgeschicks, als welche eine sehr theuere und von Allem entblößte ist. Man erhalte sich daher einen Vorrath von Freunden und Verpflichteten: denn einst wird man hoch schätzen, was man jetzt nicht achtet. Gemeine Seelen haben im Glück keine Freunde: und weil sie jetzt solche nicht kennen, werden diese dereinst im Unglück sie nicht kennen.

114.   Nie ein Mitbewerber seyn.

Jeder Anspruch, dem Andre sich entgegenstellen, schadet dem Ansehn: die Mitbewerber streben sogleich uns zu verunglimpfen, um uns zu verdunkeln. Wenige Menschen führen auf eine redliche Art Krieg. Die Nebenbuhler decken die Fehler auf, welche die Nachsicht vergessen hatte. Viele standen in Ansehn, so lange sie keine Nebenbuhler hatten. Die Hitze des Wettstreits ruft längst abgestorbenen Schimpf ins Leben zurück und gräbt die ältesten Stänkereien wieder aus der Erde. Die Mitwerbung hebt an mit einem Manifest von Verunglimpfungen und nimmt nicht was sie darf, sondern was sie kann zur Hülfe. Und wenn gleich oft, ja meistens die Waffen der Herabsetzung nicht zum Zwecke führen; so suchen wenigstens durch solche die Gegner die niedrige Befriedigung der Rache, und schütteln sie dermaßen in der Luft, daß von beschämenden Unfällen der Staub der Vergessenheit herabstiegt. Stets waren die Wohlwollenden friedlich und die Leute von Ruf und Ansehn wohlwollend.

115. Sich an die Karakterfehler seiner Bekannten gewöhnen:

eben wie an häßliche Gesichter. Es ist unerläßlich, wo Verpflichtungen uns an sie knüpfen. Es giebt erschreckliche Karaktere, mit welchen man nicht leben kann: jedoch ohne sie nun auch nicht. Dann ist es geschickt, sich an sie, wie an häßliche Gesichter, allmälig zu gewöhnen, damit man nicht, bei irgend einer fürchterlichen Gelegenheit, ganz aus der Fassung gerathe. Das erste Mal erregen sie Entsetzen: allein nach und nach verlieren sie an Scheußlichkeit, und die Ueberlegung weiß Unannehmlichkeiten vorzubeugen oder sie zu ertragen.

116. Sich nur mit Leuten von Ehr- und Pflichtgefühl abgeben.

Mit solchen kann man gegenseitige Verpflichtungen eingehn. Ihre eigene Ehre ist der beste Bürge für ihr Benehmen, sogar bei Mißhelligkeiten: denn sie handeln stets mit Rücksicht auf ihre Würde, daher Streit mit rechtlichen Leuten besser ist, als Sieg über unrechtliche. Mit den Verworfenen giebt es keinen sichern Umgang, weil sie keine Verpflichtung zur Rechtlichkeit fühlen: daher giebt es unter solchen auch keine wahre Freundschaft und ihre Freundschaftsbezeugungen sind nicht ächt, wenn sie es gleich scheinen, weil kein Ehrgefühl sie bekräftigt, und Leute, denen dieses fehlt, halte man immer von sich ab: denn wer die Ehre nicht hochhält, hält auch die Tugend nicht hoch, indem die Ehre der Thron der Rechtlichkeit ist.

117. Nie von sich reden.

Entweder man lobt sich, welches Eitelkeit, oder man tadelt sich, welches Kleinheit ist: und wie es im Sprecher Unklugheit verräth, so ist es für den Hörer eine Pein. Wenn nun dieses schon im gewöhnlichen Umgang zu vermeiden ist, wie viel mehr auf einem hohen Posten, wo man zur Versammlung redet, und wo der leichteste Schein von Unverstand schon für diesen selbst gilt. Der gleiche Verstoß gegen die Klugheit liegt im Reden von Anwesenden, wegen der Gefahr auf eine von zwei Klippen zu stoßen: Schmeichelei oder Tadel.

118. Den Ruf der Höflichkeit erwerben:

denn er ist hinreichend, um beliebt zu seyn. Die Höflichkeit ist ein Haupttheil der Bildung und ist eine Art Hexerei, welche die Gunst Aller erobert, wie im Gegentheil Unhöflichkeit allgemeine Verachtung und Widerwillen erregt: wenn aus Stolz entspringend, ist sie abscheulich; wenn aus Grobheit, verächtlich. Die Höflichkeit sei allemal eher zu groß als zu klein, jedoch nicht gleich gegen Alle, wodurch sie zur Ungerechtigkeit würde. Zwischen Feinden ist sie Schuldigkeit, damit man seinen Werth zeige. Sie kostet wenig und hilft viel: jeder Verehrer ist geehrt. Höflichkeit und Ehre haben vor andern Dingen dies voraus, daß sie bei dem, der sie erzeigt, bleiben.

119. Sich nicht verhaßt machen.

Man rufe nicht den Widerwillen hervor: denn auch ungesucht kommt er gar bald von selbst. Viele verabscheuen aus freien Stücken, ohne zu wissen wofür oder warum. Ihr Uebelwollen kommt selbst unsrer Zuvorkommenheit zuvor. Die Gehässigkeit unsrer Natur ist thätiger und rascher zum fremden Schaden, als die Begehrlichkeit derselben zum eignen Vortheil. Einige gefallen sich darin, mit Allen auf einem schlechten Fuß zu seyn; weil sie Ueberdruß empfinden oder erregen. Hat einmal der Haß Wurzel gefaßt; so ist er, wie der schlechte Ruf, schwer auszurotten. Leute von vielem Verstande werden gefürchtet die von böser Zunge werden verabscheut, die Anmaaßenden sind zum Ekel, die Spötter ein Gräuel, die Sonderlinge läßt man stehn. Demnach bezeuge man Hochachtung, um welche einzuerndten, und denke, daß geschätzt seyn ein Schatz ist.

120. Sich in die Zeiten schicken.

Sogar das Wissen muß nach der Mode seyn, und da, wo es nicht Mode ist, besteht es grade darin, daß man den Unwissenden spielt. Denkungsart und Geschmack ändern sich nach den Zeiten. Man denke nicht altmodisch, und habe einen modernen Geschmack. In jeder Gattung hat der Geschmack der Mehrzahl eine geltende Stimme: man muß ihm also für jetzt folgen und ihn zu höherer Vollkommenheit weiter zu bringen suchen. Der Kluge passe sich, im Schmuck des Geistes wie des Leibes, der Gegenwart an, wenn gleich ihm die Vergangenheit besser schiene. Bloß von der Güte des

Herzens gilt diese Lebensregel nicht: denn zu jeder Zeit soll man die Tugend üben: man will heut zu Tage nicht von ihr wissen: die Wahrheit reden, oder sein Wort halten, scheinen Dinge aus einer andern Zeit: so scheinen auch die guten Leute noch aus der guten Zeit zu seyn, sind aber doch noch geliebt: inzwischen, wenn es noch welche giebt; so sind sie nicht in der Mode und werden nicht nachgeahmt. O unglückseliges Jahrhundert, wo die Tugend fremd, die Schlechtigkeit an der Tagesordnung ist! – Der Kluge lebe wie er kann wenn nicht wie er wünschen möchte, und halte, was ihm das Schicksal zugestand, für mehr werth, als was es ihm versagte.

121. Nicht eine Angelegenheit aus dem machen, was keine ist.

Wie Manche aus Allem eine Klatscherei machen, so Andre aus Allem eine Angelegenheit. Immer sprechen sie mit Wichtigkeit, Alles nehmen sie ernstlich und machen eine Streitigkeit oder eine geheimnißvolle Sache daraus. Verdrießlicher Dinge darf man sich nur selten ernstlich annehmen: denn sonst würde man sich zur Unzeit in Verwickelungen bringen. Es ist sehr verkehrt, wenn man sich das zu Herzen nimmt, was man in den Wind schlagen sollte. Viele Sachen, die wirklich etwas waren, wurden zu nichts, weil man sie ruhen ließ: und aus andern, die eigentlich nichts waren, wurde viel, weil man sich ihrer annahm. Anfangs läßt sich Alles leicht beseitigen, späterhin nicht. Oft bringt die Arznei die Krankheit hervor. Und nicht die schlechteste Lebensregel ist: ruhen lassen.

122. Im Reden und Thun etwas Imponirendes haben.

Dadurch setzt man sich allerorten bald in Ansehn und hat die Achtung vorweg gewonnen. Es zeigt sich in Allem, im Umgange, im Reden, im Blick, in den Neigungen, sogar im Gange. Wahrlich, ein großer Sieg, sich der Herzen zu bemeistern. Es entsteht nicht aus einer dummen Dreistigkeit, noch aus einem übellaunigen Wesen bei der Unterhaltung; sondern es beruht auf einer wohlgeziemenden Autorität, die aus natürlicher, von Verdiensten unterstützter Ueberlegenheit hervorgeht.

123.   Ohne Affektation seyn.

Je mehr Talente man hat, desto weniger affektire man sie: denn solches ist die gemeinste Verunstaltung derselben. Die Affektation ist den Andern so widerlich, als dem, der sie treibt, peinlich: denn er ist ein Märtyrer der darauf zu verwendenden Sorgfalt und quält sich mit pünktlicher Aufmerksamkeit ab. Die ausgezeichnetesten Eigenschaften büßen durch Affektation ihr Verdienst ein, weil sie jetzt mehr durch Kunst erzwungen, als aus der Natur hervorgegangen scheinen: und überall gefällt das Natürliche mehr als das Künstliche. Immer hält man dafür, daß dem Affektirenden die Vorzüge, welche er affektirt, fremd sind. Je besser man eine Sache macht, desto mehr muß man die darauf verwandte Mühe verbergen, um diese Vollkommenheit als etwas ganz aus unserer Natur Entspringendes erscheinen zu lassen. Auch soll man nicht etwa aus Furcht vor der Affektation grade in diese gerathen, indem man das Unaffektirtseyn affektirt. Der Kluge wird nie seine eigenen Vorzüge zu kennen scheinen: denn grade dadurch, daß er sie nicht beachtet, werden Andre darauf aufmerksam. Doppelt groß ist der, welcher alle Vollkommenheiten in sich, aber keine in seiner eigenen Meinung hat: er gelangt auf einem entgegengesetzten Pfade zum Ziel des Beifalls.

124.   Es dahin bringen, daß man zurückgewünscht wird.

Eine so große Gunst bei den Leuten erwerben Wenige, und wenn gar noch bei den gescheuten Leuten; so ist es ein großes Glück. Gegen die Abtretenden ist Lauheit gewöhnlich. Jedoch giebt es Wege, sich jenen Lohn der allgemeinen Liebe zu erwerben: ein ganz sicherer ist, daß man in seinem Amte und durch seine Talente ausgezeichnet sei, auch das Einnehmende im Betragen thut viel: durch dies Alles macht man seine Vorzüge unentbehrlich, so daß es merklich wird, daß das Amt unsrer bedurfte, nicht wir des Amtes. Einigen macht ihr Posten Ehre; Andere ihm. Das aber ist kein Ruhm, wenn ein schlechter Nachfolger uns vortrefflich macht: denn das heißt nicht, daß wir schlechthin zurückgewünscht werden; sondern nur, daß er verabscheut wird.

125. Kein Sündenregister seyn.

Sich Andrer Schande angelegen seyn lassen, ist ein Zeichen, daß man selbst schon einen befleckten Ruf hat. Einige möchten mit den fremden Flecken die ihrigen zudecken, oder gar abwaschen; oder sie suchen einen Trost darin, der aber ein Trost für den Unverstand ist. Einen übelriechenden Athem haben die, welche die Kloake des Schmutzes der ganzen Stadt sind. Wer in Dingen dieser Art am meisten wühlt, wird sich am meisten besudeln. Wenige werden ohne irgend einen eigenthümlichen Fehler seyn, er liege nun hier oder dort: aber die Fehler wenig bekannter Leute sind nicht bekannt. Der Aufmerksame hüte sich, ein Sündenregister zu werden: denn das heißt ein verabscheuter Patron seyn, herzlos, wenn auch lebendig.

126. Dumm ist nicht, wer eine Dummheit begeht; sondern wer sie nachher nicht zu bedecken versteht.

Seine Neigungen soll man unter Siegel halten; wie viel mehr seine Fehler. Alle Menschen begehn Fehltritte, jedoch mit dem Unterschiede, daß die Klugen die begangenen verhehlen, die Dummen aber die, welche sie erst begehn wollen, schon zum voraus lügen. Unser Ansehn beruht auf dem Geheimhalten, mehr als auf dem Thun: denn nisi caste, tamen caute. Die Verirrungen großer Männer sind anzusehn wie die Verfinsterungen der großen Weltlichter. Sogar in der Freundschaft sei es eine Ausnahme, daß man seine Fehler dem Freunde anvertraut; ja, sich selber sollte man sie, wenn es seyn könnte, verbergen: doch kann man sich hiebei mit jener andern Lebensregel helfen, welche heißt: vergessen können.

127. Edle, freie Unbefangenheit bei Allem.

Diese ist das Leben der Talente, der Athem der Rede, die Seele des Thuns, die Zierde der Zierden. Alle übrigen Vollkommenheiten sind der Schmuck unsrer Natur; sie aber ist der der Vollkommenheiten selbst. Sogar im Denken wird sie sichtbar. Sie am allermeisten ist Geschenk der Natur und dankt am wenigsten der Bildung: denn selbst über die Erziehung ist sie erhaben. Sie ist mehr als Leichtigkeit, sie geht bis zur Kühnheit: sie setzt Ungezwungenheit voraus und fügt Vollkommenheit hinzu. Ohne sie ist alle Schönheit todt, alle Grazie ungeschickt: sie ist überschwenglich, geht über

Tapferkeit, über Klugheit, über Vorsicht, ja über Majestät. Sie ist ein feiner Richtweg, die Geschäfte abzukürzen, oder auf eine edle Art aus jeder Verwicklung zu kommen.

128. Hoher Sinn:

eines der ersten Erfordernisse zu einem Helden, weil er für Größe jeder Art entflammt. Er verbessert den Geschmack, erweitert das Herz, steigert die Denkkraft, veredelt das Gemüth und erhöht das Gefühl der Würde. Bei wem auch immer er sich finden mag, erhebt er strebend das Haupt, und wenn auch bisweilen ein mißgünstiges Schicksal sein Streben vereitelt; so platzt er, um zu strahlen, und verbreitet sich über den Willen, da ihm das Können gewaltsam benommen ist. Großmuth, Edelmuth und jede heldenmäßige Eigenschaft erkennen in ihm ihre Quelle.

129. Nie sich beklagen.

Das Klagen schadet stets unserm Ansehn. Es dient leichter, der Leidenschaftlichkeit Anderer ein Beispiel der Verwegenheit an die Hand zu geben, als uns den Trost des Mitleids zu verschaffen: denn dem Zuhörer zeigt es den Weg zu eben dem, worüber wir klagen, und die Kunde der ersten Beleidigung ist die Entschuldigung der zweiten. Einige geben durch ihre Klagen über erlittenes Unrecht zu neuem Anlaß, und indem sie Hülfe oder Trost suchen, erregen sie Schadenfreude und sogar Verachtung. Viel politischer ist es, die von dem Einen erhaltenen Gunstbezeugungen dem Andern zu rühmen, um ihn zu ähnlichen zu verpflichten: indem wir der Verbindlichkeiten erwähnen, welche wir gegen die Abwesenden fühlen, fordern wir die Anwesenden auf, sich eben solche zu erwerben, und verkaufen dergestalt das Ansehn, in welchem wir bei dem Einen stehen, dem Andern. Nie also wird der Aufmerksame erlittene Unbilden oder eigene Fehler bekannt machen, wohl aber die Hochschätzung, deren er genießt: dadurch hält er seine Freunde fest und seine Feinde in den Schranken.

130. Thun und sehn lassen.

Die Dinge gelten nicht für das, was sie sind, sondern für das, was sie scheinen. Werth haben und ihn zu zeigen verstehn, heißt zweimal Werth haben. Was nicht gesehn wird, ist als ob es nicht wäre. Das Recht selbst kann seine Achtung nicht erhalten, wenn es nicht auch als Recht erscheint. Viel größer ist die Zahl der Getäuschten als die der Einsichtigen. Der Betrug herrscht vor, und man beurtheilt die Dinge von Außen: viele aber sind weit verschieden von dem, was sie scheinen. Eine gute Außenseite ist die beste Empfehlung der inneren Vollkommenheit.

131. Adel des Gemüths.

Es giebt eine Großherzigkeit der Seele, einen Edelmuth des Geistes, dessen schöne Aeußerungen den Karakter in das glänzendeste Licht stellen. Dieser Adel des Gemüths ist nicht Jedermanns Sache: denn er setzt Geistesgröße voraus. Seine erste Aufgabe ist, gut vom Feinde zu reden und noch besser an ihm zu handeln. Im größten Glanz erscheint er bei den Gelegenheiten zur Rache: diese läßt er sich nicht etwa entgehn, sondern er verbessert sie sich, indem er, grade wann er recht siegreich ist, sie zu einer unerwarteten Großmuth benutzt. Und dabei ist er doch politisch, ja sogar der Schmuck der Staatsklugheit: nie affektirt er Siege, weil er nichts affektirt: erlangt solche jedoch sein Verdienst, so verhehlt sie sein Edelmuth.

132. Zweimal überlegen.

An Revision appelliren, giebt Sicherheit: zumal wenn man mit der Sache nicht ganz im Klaren ist, gewinne man Zeit, um entweder einzuwilligen oder sich zu verbessern. Es bieten sich neue Gründe dar, die Beschlüsse zu bekräftigen und zu bestätigen. Handelt sich's um's Geben; so wird die Gewißheit, daß die Gabe mit Ueberlegung verliehen sei, sie werther machen, als die Freude über die Schnelligkeit, und das lang Ersehnte wird immer am höchsten geschätzt. Muß man hingegen verweigern; so gewinnt man Zeit für die Art und Weise, wie auch um das Nein zur Reife zu bringen, daß es weniger herbe schmecke; wozu noch kommt, daß wenn die erste Hitze des Begehrens vorüber ist, nachher, bei kaltem Blut, das Zurücksetzende einer Weigerung weniger empfunden wird. Dem aber, der plötzlich und eilig bittet, soll man spät bewilligen: denn jenes ist eine List, die Aufmerksamkeit zu umgehn.

133. Besser mit Allen ein Narr, als allein gescheut,

sagen politische Köpfe. Denn, wenn Alle es sind, steht man hinter Keinem zurück: und ist der Gescheute allein, wird er für den Narren gelten. So wichtig ist es dem Strohm zu folgen. Bisweilen besteht das größte Wissen im Nichtwissen oder in der Affektation desselben. Man muß mit den übrigen leben, und die Unwissenden sind die Mehrzahl. Um allein zu leben, muß man sehr einem Gotte, oder ganz einem Thier ähnlich seyn. Doch möchte ich den Aphorismus ummodeln und sagen: besser mit den Uebrigen gescheut als allein ein Narr: denn Einige suchen Originalität in Schimären.

134. Die Erfordernisse des Lebens doppelt besitzen:

dadurch verdoppelt man sein Daseyn. Man muß nicht von Einer Sache abhängig, noch auf Eine beschränkt seyn, so außerordentlich sie auch seyn möchte. Alles muß man doppelt haben, besonders die Ursachen des Fortkommens, der Gunst, des Genusses. Die Wandelbarkeit des Mondes ist überschwenglich, und sie ist die Grenze alles Bestehenden, zumal aber der Dinge, die vom menschlichen Willen abhängen, der ein gar gebrechlich Ding ist. Gegen diese Gebrechlichkeit schütze man sich durch etwas im Vorrath, und mache es zu einer Haupt-Lebensregel, die Veranlassungen des Guten und Bequemen doppelt zu haben. Wie die Natur die wichtigsten und ausgesetztesten Glieder uns doppelt verlieh: so mache die Kunst es mit dem, wovon wir abhängen.

135. Keinen Widerspruchsgeist hegen:

denn er ist dumm und widerlich: man rufe seine ganze Klugheit dagegen auf. Wohl zeugt es bisweilen von Scharfsinn, daß man bei Allem Schwierigkeiten entdeckt; allein der Eigensinn hiebei entgeht nicht dem Vorwurf des Unverstandes. Solche Leute machen aus der sanften, angenehmen Unterhaltung einen kleinen Krieg, und sind so mehr die Feinde ihrer Vertrauten, als derer, die nicht mit ihnen umgehen. Im wohlschmeckendesten Bissen fühlt man am meisten die Gräte, die ihn durchbohrt, und so ist der Widerspruch zur Zeit der Erholung. Solche Leute sind unverständig, verderblich, ein Verein des wilden mit dem dummen Thier.

136. Sich in den Materien festsetzen und den Geschäften sogleich den Puls fühlen.

Viele verirren sich in den Verzweigungen des unnützen Überlegens, oder auf dem Laubwerk einer ermüdenden Redseligkeit, ohne auf das Wesen der Sache zu treffen: sie gehn hundert Mal um einen Punkt herum, ermüden sich und Andre, kommen jedoch nie auf die eigentliche Hauptsache: dies entsteht aus einem verworrenen Begriffsvermögen, welches sich nicht herauszuwickeln fähig ist. Sie verderben Zeit und Geduld mit dem, was sie sollten liegen lassen, und beide fehlen ihnen nachher für das, was sie liegen gelassen haben.

137. Der Weise sei sich selbst genug.

Jener, Diogenes. der sich selbst Alles in Allem war, hatte, als er sich selbst davon trug, alles Seinige bei sich. Wenn Ein universeller Freund Rom und die ganze übrige Welt zu seyn vermag; so sei man sich selbst dieser Freund, und dann wird man allein zu leben im Stande seyn. Wen wird ein solcher Mann vermissen, wenn es keinen größern Verstand und keinen richtigern Geschmack als den seinigen giebt? Dann wird er bloß von sich abhängen, und es ist die höchste Seeligkeit, dem höchsten Wesen zu gleichen. Wer so allein zu leben vermag, wird in nichts dem Thiere, in Vielem dem Weisen und in Allem Gott ähnlich seyn. (Vergl. Nr. 133.)

138. Kunst die Dinge ruhen zu lassen:

und um so mehr, je wüthender die Wellen des öffentlichen oder häuslichen Lebens toben. Im Treiben des menschlichen Lebens giebt es Strudel und Stürme der Leidenschaften; dann ist es klug, sich in den sichern Hafen der Furt zurückzuziehn. Oft verschlimmern die Mittel das Uebel: darum lasse man hier dem Physischen, dort dem Moralischen seinen freien Lauf. Der Arzt braucht gleich viel Wissenschaft zum Nichtverschreiben wie zum Verschreiben, und oft besteht die Kunst grade in Nichtanwendung der Mittel. Die Strudel im großen Haufen zu beruhigen, sei der Weg, daß man die Hand zurückziehe und sie von selbst sich legen lasse. Ein zeitiges Nachgeben für jetzt, sichert den Sieg in der Folge. Eine Quelle wird durch eine kleine Störung getrübt, und wird nicht, indem man dazu thut, wieder helle, sondern indem man sie sich selber überläßt. Gegen Zwiespalt und Verwirrung ist das beste

Mittel, sie ihren Lauf nehmen zu lassen: denn so beruhigen sie sich von selbst.

139.   Die Unglückstage kennen, denn es giebt dergleichen:

An solchen geht nichts gut, und ändert sich auch das Spiel, doch nicht das Mißgeschick. Auf zwei Würfen muß man die Probe gemacht haben und sich zurückziehen, je nachdem man merkt, ob man seinen Tag hat oder nicht. Alles, sogar der Verstand ist dem Wechsel unter-worfen, und Keiner ist zu jeder Stunde klug: es gehört Glück dazu, richtig zu denken wie eben auch einen Brief gut abzufassen. Alle Vollkommenheiten hängen von Zeitperioden ab: die Schönheit hat nicht immer ihren Tag: die Klugheit versagt ihren Dienst, indem wir den Sachen bald zu wenig, bald zu viel thun: und Alles muß, um gut auszufallen, seinen Tag haben. Ebenso gelingt auch Einigen alles schlecht, Andern alles gut und mit geringerer Anstrengung. Diese finden Alles schon gemacht, der Geist ist aufgelegt, das Gemüth in der besten Stimmung und der Glücksstern leuchtet. Dann muß man seinen Vortheil wahrnehmen und auch nicht das Geringste davon verloren gehn lassen. Jedoch wird der Mann von Ueberlegung nicht wegen Eines Unfalls den Tag entschieden für schlecht oder im umgekehrten Fall für gut erklären: denn Jenes konnte ein kleiner Verdruß, Dieses ein glücklicher Zufall seyn.

140.   Gleich auf das Gute in jeder Sache treffen.

Es ist das Glück des guten Geschmacks. Die Biene geht gleich zur Süßigkeit für ihre Honigscheibe und die Schlange zur Bitterkeit für ihr Gift. So wendet auch der Geschmack Einiger sich gleich dem Guten, Andrer dem Schlechten entgegen. Es giebt nichts, woran nicht etwas Gutes wäre, zumal ein Buch, als ein Werk der Ueberlegung. Allein Manche sind von einer so unglücklichen Sinnesart, daß sie unter tausend Vollkommenheiten sogleich den einzigen Fehler herausfinden, der dabei wäre, diesen nun tadeln und davon viel reden, als wahre Aufsammler aller Auswürfe des Willens und des Verstandes Andrer: so häufen sie Register von Fehlern auf, welches mehr eine Strafe ihrer schlechten Wahl, als eine Beschäftigung ihres Scharfsinnes ist: sie haben ein trauriges Leben davon, indem sie stets am Bittern zehren und Unvollkommenheiten ihre Leibspeise sind. Glücklicher ist der Geschmack Andrer, welche unter tausend Fehlern gleich auf die einzige Vollkommenheit treffen, die ihnen aufstößt.

141. Nicht sich zuhören.

Sich selber gefallen hilft wenig, wenn man Andern nicht gefällt; und meistens straft die allgemeine Geringschätzung die selbsteigene Zufriedenheit. Wer sich selber so sehr genügt, wird es nie den Andern. Reden, und zugleich selbst zuhören wollen, geht nicht wohl: und wenn mit sich allein zu reden eine Narrheit ist, so ist es eine doppelte, sich noch vor Andern zuhören zu wollen. Es ist eine Schwäche großer Herren, mit dem Grundbaß von »Ich sage Etwas« zu reden, zur Marter der Zuhörer: bei jedem Satz horchen sie nach Beifall oder Schmeichelei, und treiben die Geduld der Klugen aufs Aeußerste. Auch pflegen die Aufgeblasenen unter Begleitung eines Echos zu reden, und indem ihre Unterhaltung auf dem Kothurn des Dünkels einherschreitet, ruft sie bei jedem Worte die widerliche Hülfe eines dummen »wohl gesprochen« auf.

142. Nie aus Eigensinn sich auf die schlechtere Seite stellen, weil der Gegner sich bereits auf die bessere gestellt hat.

Denn sonst tritt man schon besiegt auf den Kampfplatz und wird daher nothwendig mit Schimpf und Schande abziehen müssen: mit schlechten Waffen wird man nie gut kämpfen. Im Gegner war es Schlauheit, daß er in der Erwählung des Bessern den Vorsprung gewann, im Andern aber Dummheit, daß er, um sich ihm entgegen-zustellen, jetzt das Schlechtere ergriff. Dergleichen Eigensinn in Thaten bringt tiefer in die Klemme, als der in Worten; sofern mehr Gefahr beim Thun als beim Reden ist. Die Eigensinnigen zeigen ihre Gemeinheit darin, daß sie der Wahrheit zum Trotz streiten und ihrem eigenen Nutzen zum Trotz processiren. Der Kluge stellt sich nie auf die Seite der Leidenschaft, sondern immer auf die des Rechts, sei es, daß er gleich anfangs als der Erste dahin getreten, oder erst als der Zweite, indem er sich eines Bessern bedachte. Ist, im letztern Fall, der Gegner dumm, so wird er, sich jetzt im obigen Falle befindend, nun seinen Weg ändern und auf die entgegengesetzte, folglich schlechtere Seite treten. Um ihn also vom Bessern wegzutreiben; ist das einzige Mittel, es selbst zu ergreifen: denn aus Dummheit wird er es fahren lassen, und durch diesen Eigensinn wird der Andre seiner entledigt.

143. Nicht, aus Besorgniß trivial zu seyn, paradox werden.

Beide Extreme schaden unserm Ansehn. Jedes Unterfangen, welches der Gesetztheit zuwiderläuft, ist schon der Narrheit verwandt. Das Paradoxon ist gewissermaaßen ein Betrug, indem es anfangs Beifall findet, weil es durch das Neue und Pikante überrascht: allein wann nachher die Täuschung verschwindet und seine Blößen offenbar werden, nimmt es sich sehr übel aus. Es ist eine Art Gaukelei und in Staatsangelegenheiten der Ruin des Staats. Die, welche nicht auf dem Wege der Trefflichkeit es zu wahrhaft großen Leistungen bringen können, oder sich nicht daran wagen, legen sich auf das Paradoxe: von den Thoren werden sie bewundert; aber viele kluge Leute werden an ihnen zu Propheten. Es beweist eine Verschrobenheit der Urtheilskraft: und wenn es auch bisweilen nicht auf das Falsche sich gründet, dann doch auf das Ungewisse, zur großen Gefahr wichtiger Angelegenheiten.

144. Mit der fremden Angelegenheit auftreten, um mit der seinigen abzuziehn.

Es ist ein schlaues Mittel zum Zweck: allein sogar in den Angelegenheiten des Himmels schärfen christliche Lehrer den Gebrauch dieser List ein. Es ist eine wichtige Verstellung: denn der vorgehaltene Vortheil dient als Lockspeise, den fremden Willen zu leiten: diesem scheint seine Angelegenheit betrieben zu werden, und doch ist sie nur da, fremdem Vorhaben den Weg zu öffnen. Man muß nie unüberlegt vorschreiten, am wenigsten, wo der Grund gefährlich ist. Ferner auch bei Leuten, deren erstes Wort Nein zu seyn pflegt, ist es räthlich, diesem Schuß auszubeugen, und ihnen die Schwierigkeit des verlangten Zugeständnisses zu verbergen, noch viel mehr aber wo ihnen gar die Umgestaltung schon ahnden könnte. – Dieser Rath gehört zu denen der »zweiten Absicht«, welche sämmtlich von der äußersten Feinheit sind.

145. Nicht den schlimmen Finger zeigen:

denn sonst trifft Alles dahin; nicht über ihn klagen: denn immer klopft die Bosheit dahin, wo es der Schwäche wehe thut. Sich zu erzürnen, würde zu nichts dienen, als den Spaaß der Unterhaltung zu erhöhen. Die böse Absichtlichkeit schleicht umher, nach Gebrechen suchend, die sie aufdecken könnte, sie schlägt mit Ruthen, die Empfindung zu prüfen, und wird den Versuch tausend Mal machen, bis sie die wunde

Stelle gefunden hat. Der Aufmerksame zeige nie, daß er getroffen sei, und decke sein persönliches oder erbliches Uebel niemals auf. Denn sogar das Schicksal selbst findet zuweilen Gefallen daran, uns grade da zu betrüben, wo es am meisten wehe thut. Stets treffen seine Schläge auf die wunde Stelle: daher offenbare man weder was schmerzt, noch was erfreut, damit das Eine ende, das Andre verharre.

146. Ins Innere schauen:

Man findet meistentheils die Dinge weit verschieden von dem, was sie schienen; und die Unwissenheit, welche nicht tiefer als die Rinde eingedrungen war, sieht, wann man zum Innern gelangt, ihre Täuschung schwinden. In Allem geht stets die Lüge voran, die Dummköpfe hinter sich ziehend am Seil ihrer unheilbaren Gemeinheit: die Wahrheit aber kommt immer zuletzt, langsam heranhinkend am Arm der Zeit: für sie bewahren daher die Klugen die andre Hälfte jener Fähigkeit auf, deren Werkzeug unsre gemeinsame Mutter uns weislich doppelt verliehen hat. Der Trug ist etwas sehr oberflächliches: daher treffen, die es selbst sind, gleich auf ihn. Das Wahre, Richtige aber lebt tief zurückgezogen und ver-borgen, um desto höher geschätzt zu werden von Weisen und Klugen.

147. Nicht unzugänglich seyn.

Keiner ist so vollkommen, daß er nicht zu Zeiten fremder Erinnerung bedürfte: von unheilbarem Unverstand ist, wer Niemanden anhören will. Sogar der Überlegenste soll freundschaftlichem Rathe Raum geben, und selbst die Königliche Macht darf nicht die Lenksamkeit ausschließen. Es giebt Leute, die rettungslos sind, weil sie sich Allem verschließen: sie stürzen sich ins Verderben, weil Keiner sich heranwagt, sie zurückzuhalten. Auch der Vorzüglichste soll der Freundschaft eine Thüre offen halten, und sie wird die der Hülfe werden. Ein Freund muß Freiheit haben, ohne Zurückhaltung zu rathen, ja zu tadeln. Diese Autorität muß ihm unsre Zufriedenheit und unsre hohe Meinung von seiner Treue und Verständigkeit erworben haben. Nicht Allen soll man leicht Berücksichtigung, oder auch nur Glauben schenken: aber im geheimen Innern seiner Vorsorge habe man einen treuen Spiegel, an einem Vertrauten, dem man Zurechtweisung und Zurückführung von Irrthümern verdanke und solche zu schätzen wisse.

148. Die Kunst der Unterhaltung besitzen:

denn sie ist es, in der ein ganzer Mann sich producirt. Keine Beschäftigung im Leben erfordert größere Aufmerksamkeit: denn grade weil sie die gewöhnlichste ist, wird man durch sie sich heben oder stürzen. Ist Behutsamkeit nöthig, einen Brief zu schreiben, welches eine überlegte und schriftliche Unterhaltung ist; wie viel mehr bei der gewöhnlichen, in der die Klugheit eine unvorbereitete Prüfung zu bestehen hat. Die Erfahrenen fühlen der Seele den Puls an der Zunge, und deshalb sagte der Weise: Sokrates. sprich, damit ich dich sehe. Einige halten dafür, daß die Kunst der Unterhaltung grade darin bestehe, daß sie kunstlos sei, indem sie locker und lose, wie die Kleidung, seyn müsse: von der Unterhaltung zwischen genauen Freunden gilt dies wohl: allein, wann mit Leuten, die Rücksicht verdienen, geführt, muß sie gehaltvoller seyn, um eben vom Gehalt des Redenden Zeugniß zu geben. Um es recht zu treffen, muß man sich der Gemüthsart und dem Verstande des Mitredenden anpassen. Auch affektire man nicht, Worte zu kritisiren; sonst wird man für einen Grammatikus gehalten: noch weniger sei man der Fiskal der Gedanken; sonst werden Alle uns ihren Umgang entziehn und die Mittheilung theuer feil haben. Im Reden ist Diskretion viel wichtiger, als Beredsamkeit.

149. Das Schlimme Andern aufzubürden verstehn.

Ein Schild gegen das Mißwollen zu haben, ist eine große List der Regierenden. Sie entspringt nicht, wie Mißgünstige meynen, aus Unfähigkeit, vielmehr aus der höhern Absicht, Jemanden zu haben, auf den der Tadel des Mißlingens und die Strafe allgemeiner Schmähungen zurückfalle. Alles kann nicht gut ablaufen, noch kann man Alle zufrieden stellen: daher habe man, wenn auch auf Kosten seines Stolzes, so einen Sündenbock, so einen Ausbader unglücklicher Unternehmungen.

150. Seine Sachen herauszustreichen verstehn.

Der innere Werth derselben reicht nicht aus: denn nicht Alle dringen bis auf den Kern, oder schauen ins Innere: vielmehr laufen die Meisten dahin, wo schon ein Zusammenlauf ist, und gehn, weil sie Andre gehen sehn. Ein großer Theil der Kunst besteht darin, seine Sache in Ansehn zu bringen, bald durch Anpreisen, denn Lob erregt Begierde; bald durch eine

vortreffliche Benennung, welche einer hohen Meinung sehr
förderlich ist; wobei jedoch alle Affektation zu vermeiden.
Ferner ist ein allgemeines Anregungsmittel, sie bloß für die
Einsichtigen zu bestimmen, da Alle sich für solche halten, und
wenn etwa nicht, dann der gefühlte Mangel den Wunsch
erregen wird. Hingegen muß man nie seinen Gegenstand als
leicht oder gewöhnlich empfehlen, wodurch er mehr
herabgesetzt als erleichtert wird: nach dem Ungewöhnlichen
haschen Alle, weil es für den Geschmack wie für den
Verstand anziehender ist.

151. Voraus denken

, heute auf morgen und noch auf viele Tage. Die größte
Vorsicht ist, daß man der Sorge und Ueberlegung besondre
Stunden bestimme. Für den Behutsamen giebt es keine
Unfälle und für den Aufmerksamen keine Gefahren. Man soll
nicht das Denken verschieben, bis man im Sumpfe bis an den
Hals steckt, es muß zum voraus geschehn. Durch die
wiederholte und gereifte Ueberlegung komme man überall
dem äußersten Mißgeschick zuvor. Das Kopfkissen ist eine
stumme Sibylle; und sein Beginnen vorher beschlafen, ist
besser, als nachmals darüber schlaflos liegen. Manche
handeln erst, und denken nachher, welches heißt, weniger auf
die Folgen, als auf die Entschuldigungen bedacht seyn; Andre
weder vorher noch nachher. Das ganze Leben muß ein fort-
gesetztes Denken seyn, damit man des rechten Weges nicht
verfehle. Wiederholte Ueberlegung und Vorsicht machen es
möglich, unsern Lebenslauf zum Voraus zu bestimmen.

152. Nie sich zu dem gesellen, durch den man in den Schatten
gestellt wird;

sei es dadurch, daß er über uns, oder daß er unter uns stehe.
Größre Vorzüge finden größre Verehrung: da wird der Andre
immer die Hauptrolle spielen, wir die zweite: bleibt für uns ja
noch einige Werthschätzung; so ist es, was er übrig läßt. Der
Mond glänzt, so lange er allein bei den Sternen ist: kommt die
Sonne, wird er unscheinbar oder unsichtbar. Nie also schließe
man sich dem an, durch den man verdunkelt, sondern dem,
durch den man herausgehoben wird. Durch dieses Mittel
konnte die kluge Fabula, beim Martial, schön erscheinen und
glänzen, wegen der Häßlichkeit und des schlechten Anzuges
ihrer Begleiterinnen. Eben so wenig aber soll man durch einen
schlechten Kumpan sich in Gefahr setzen, und nicht auf

Kosten seines eigenen Ansehens einen: Andern Ehre erzeigen. Ist man noch im Werden, so halte man sich zu den Ausgezeichneten; aber als gemachter Mann zu den Mittelmäßigen.

153. Man hüte sich einzutreten, wo eine große Lücke auszufüllen ist:

thut man es jedoch, so sei man sicher, den Vorgänger zu übertreffen: ihm nur gleichzukommen, erfordert schon doppelten Werth. Wie es fein ist, dafür zu sorgen, daß der Nachfolger uns zurückgesehnt mache; so ist es auch schlau, zu verhüten, daß der Vorgänger uns nicht verdunkle. Eine große Lücke auszufüllen, ist schwer: denn stets erscheint das Vergangene als das Bessere, und sogar dem Vorgänger gleich zu seyn, ist nicht hinreichend, weil er schon den Erstbesitz voraus hat. Daher muß man noch Vorzüge hinzuzufügen haben, um den Andern aus seinem Besitz der höhern Meinung herauszuwerfen.

154. Nicht leicht glauben und nicht leicht lieben.

Die Reife des Geistes zeigt sich an der Langsamkeit im Glauben. Die Lüge ist sehr gewöhnlich; so sei der Glaube ungewöhnlich. Wer sich leicht hinreißen ließ, steht nachher beschämt. Inzwischen soll man seinen Zweifel an die Aussage des Andern nicht zu erkennen geben, weil dieses unhöflich, ja beleidigend wäre, indem man den Bezeugenden dadurch zum Betrüger oder zum Betrogenen macht. Sogar aber ist dies noch nicht der größte Uebelstand; sondern der, daß Ungläubigseyn selbst einen Lügner verräth: denn ein solcher leidet an zwei Uebeln, dem, nicht zu glauben, und dem, keinen Glauben zu finden. Die Zurückhaltung des Urtheils ist immer klug im Hörer; der Sprecher aber berufe sich auf den, von dem er es hat. Eine verwandte Art der Unbedachtsamkeit ist das leichte Verleihen seiner Zuneigung: denn nicht nur mit Worten, sondern auch mit Werken wird gelogen, und letztere Art des Betrugs ist viel gefährlicher.

155. Die Kunst, in Zorn zu gerathen.

Wenn es möglich ist, trete vernünftige Ueberlegung dem gemeinen Aufbrausen in den Weg: und dem Vernünftigen wird dies nicht schwer seyn. Geräth man aber in Zorn; so sei der erste Schritt, zu bemerken, daß man sich erzürnt: dadurch tritt man gleich mit Herrschaft über den Affekt auf: jetzt messe man die Notwendigkeit ab, bis zu welchem Punkt des Zorns man zu gehen hat, und dann nicht weiter: mit dieser überlegenen Schlauheit gelangt man in und wieder aus dem Zorn. Man verstehe gut und zu rechter Zeit einzuhalten: denn das Schwierigste beim Laufen ist das Stillestehn. Ein großer Beweis von Verstand ist es, klug zu bleiben bei den Anwandlungen der Narrheit. Jede übermäßige Leidenschaft ist eine Abweichung von unsrer vernünftigen Natur. Allein bei jener meisterhaften Aufmerksamkeit wird die Vernunft nie zu Falle kommen und nicht die Schranken der großen Obhut seiner selbst überschreiten. Um eine Leidenschaft zu bemeistern, muß man stets den Zaum der Aufmerksamkeit in der Hand behalten: dann wird man der erste »Kluge zu Pferde«[5] seyn, wo nicht gar noch auch der letzte.

156. Die Freunde seiner Wahl:

denn erst nachdem der Verstand sie geprüft und das wechselnde Glück sie erprobt hat, sollen sie es seyn, erkohren, nicht bloß durch die Neigung, sondern auch durch die Einsicht. Obgleich hierin es gut zu treffen, das Wichtigste im Leben ist, wird doch die wenigste Sorgfalt darauf verwendet. Einige Freunde führt ihre Zudringlichkeit, die meisten der Zufall uns zu. Und doch wird man nach seinen Freunden beurtheilt: denn nie war Übereinstimmung zwischen dem Weisen und den Unwissenden. Inzwischen ist, daß man Geschmack an Jemandem findet, noch kein Beweis genauer Freundschaft: es kann mehr von der Kurzweil an seiner Unterhaltung, als von dem Zutrauen zu seinen Fähigkeiten herrühren. Es giebt ächte und unächte Freundschaften, diese zum Ergötzen, jene zur Fruchtbarkeit an gelungenen Gedanken und Thaten. Wenige sind Freunde der Person, die Meisten der Glücksumstände. Die tüchtige Einsicht Eines Freundes nützt mehr als der gute Wille vieler andern: daher verdanke man sie seiner Wahl, nicht dem Zufall. Ein Kluger weiß Verdrießlichkeiten zu vermeiden; aber ein dummer Freund schleppt sie ihm zu. Auch wünsche man seinen Freunden nicht zu großes Glück, wenn man sie behalten will.

---

[5] Spanisches Sprichwort: Keiner ist klug zu Pferde.

157. Sich nicht in den Personen täuschen

, welches die schlimmste und leichteste Täuschung ist. Besser man werde im Preise, als in der Waare betrogen. Bei Menschen mehr, als bei allem Andern, ist es nöthig ins Innere zu schauen. Sachen verstehn und Menschen kennen, sind zwei weit verschiedene Dinge. Es ist eine tiefe Philosophie, die Gemüther zu ergründen, und die Karaktere zu unterscheiden. So sehr als die Bücher, ist es nöthig die Menschen studirt zu haben.

158. Seine Freunde zu nutzen verstehn.

Auch hiebei hat die Klugheit ihre Kunst. Einige sind gut in der Ferne, Andre in der Nähe. Mancher taugt nicht für die Unterredung, aber sehr für den Briefwechsel: denn die Entfernung nimmt einige Fehler hinweg, welche in der Nähe unerträglich waren. Nicht bloß Ergötzen, sondern auch Nutzen muß man aus seinem Freunde schöpfen; denn er muß die drei Eigenschaften besitzen, welche Einige dem Guten, Andre dem Dinge überhaupt beilegen: Einheit, Güte und Wahrheit[6]. Denn der Freund ist Alles in Allem. Wenige taugen zu guten Freunden, und daß man sie nicht zu wählen versteht, macht ihre Zahl noch kleiner. Sie sich erhalten ist mehr, als sie zu erwerben wissen. Man suche solche, welche für die Dauer seyn können, und sind sie auch anfangs neu; so beruhige man sich dabei, daß sie alt werden können. Durchaus die besten sind die von vielem Salz, wenn auch die Prüfung einen Scheffel kostet. Keine Einöde ist so traurig, als ohne Freund zu seyn. Die Freundschaft vermehrt das Gute und vertheilt das Schlimme: sie ist das einzige Mittel gegen das Unglück und ist das Freiathmen der Seele.

159. Die Narren ertragen können.

Stets sind die Weisen ungeduldig: denn wer sein Wissen vermehrt, vermehr seine Ungeduld. Große Einsicht ist schwer zu befriedigen. Die erste Lebensregel, nach Epiktet, ist das Ertragenkönnen, worauf er die Hälfte der Weisheit zurückführt. griechischer Text Müssen nun alle Arten von Narrheit ertragen werden; so wird es großer Geduld bedürfen. Oft haben wir am meisten von denen zu erdulden, von welchen wir am meisten abhängen: eine dienliche Uebung der

---

[6] Quodlibet ens est unum, verum, bonum. Satz aus der Scholastischen Philosophie.

Selbstüberwindung. Aus der Geduld geht der unschätzbare Frieden hervor, welcher das Glück der Welt ist. Wer aber zum Dulden kein Gemüth hat, ziehe sich zurück in sich selbst, wenn er anders auch nur sich selbst wird ertragen können.

160. Aufmerksamkeit auf sich im Reden:

wenn mit Nebenbulern, aus Vorsicht; wenn mit Andern, des Austands halber. Ein Wort nachzuschicken, ist immer Zeit, nie eins zurückzurufen. Man rede wie im Testament: je weniger Worte, desto weniger Streit. Beim Unwichtigen übe man sich für das Wichtige. Das Geheimnißvolle hat einen gewissen göttlichen Anstrich. Wer im Sprechen leichtfertig ist, wird bald überwunden oder überführt seyn.

161. Seine Lieblingsfehler kennen.

Auch der vollkommenste Mensch wird dergleichen haben, und entweder ist er mit ihnen vermählt, oder in geheimer Liebschaft. Oft liegen sie im Geiste, und je größer dieser ist, desto größer auch sie, oder auch desto auffallender. Nicht, daß der Inhaber sie nicht kennen sollte; sondern er liebt sie: ein doppeltes Uebel: leidenschaftliche Neigung, und für Fehler. Sie sind Schandflecke der Vollkommenheiten und Andern so widerlich, als ihm selbst wohlgefällig. Hier nun gilt es eine kühne Selbstüberwindung, um seine übrigen Vorzüge von solchem Makel zu befreien. Denn darauf stoßen Alle: und wann sie das übrige Gute, welches sie bewundern, zu loben haben, halten sie bei diesem Anstoß still und schwärzen ihn möglichst an, zur Verunglimpfung der sonstigen Talente.

162. Ueber Nebenbuler und Widersacher zu triumphiren verstehn

. Sie zu verachten, reicht nicht aus, wiewohl es vernünftig ist; sondern Edelmuth ist die Sache. Ueber jedes Lob erhaben ist, wer gut redet von dem, der von ihm schlecht redet. Keine heldenmütigere Rache giebt es, als die der Talente und Verdienste, welche die Neider besiegen und martern. Jede neu erlangte Stufe des Glücks ist ein festeres Zuschnüren des Stranges am Halse des Mißgünstigen, und der Ruhm des Angefeindeten ist die Hölle des Nebenbulers: es ist die größte aller Strafen, denn aus dem Glück bereitet sie Gift. Nicht Ein Mal stirbt der Neider, sondern so oft als das Beifallsrufen dem Beneideten ertönt: die Unvergänglichkeit des Ruhmes des Einen ist das Maaß der Quaal des Andern: endlos lebt Jener für die Ehre und Dieser für die Pein. Die Posaune des Ruhms verkündet Jenem Unsterblichkeit, Diesem den Tod durch den Strang, wenn er nicht abwarten will, daß der Neid ihn verzehrt habe.

163. Nie, aus Mitleid gegen den Unglücklichen, sein Schicksal auch sich zuziehen

. Was für den Einen ein Mißgeschick, ist oft für den Andern die glücklichste Begebenheit: denn Keiner könnte beglückt seyn, wenn nicht viele Andre unglücklich wären. Es ist den Unglücklichen eigenthümlich, daß sie leicht den guten Willen der Leute erlangen, indem diese durch ihre unnütze Gunst die Schläge des Schicksals ausgleichen möchten: und bisweilen sah man den, welcher auf dem Gipfel des Glücks Allen ein Abscheu war, im Unglück von Allen bemitleidet: die Rachgier gegen den Erhobenen hatte sich in Theilnahme für den Gefallenen verwandelt. Jedoch der Kluge merke auf, wie das Schicksal die Karten mischt. Leute giebt es, die man stets nur mit Unglücklichen gehn sieht, und der, den sie als einen Beglückten gestern flohen, steht heute als ein Unglücklicher an ihrer Seite. Das zeugt bisweilen von einem edeln Gemüth, jedoch nicht von Klugheit.

164. Einige Luftstreiche thun

, um die Aufnahme, welche manche Dinge finden würden, vorläufig zu untersuchen, zumal solche, über deren Billigung oder Gelingen man Mißtrauen hegt. Man kann sich dadurch des guten Ausgangs vergewissern und behält immer Raum, entweder Ernst zu machen, oder einzulenken. Man prüft auf diese Art die Neigungen, und der Aufmerksame lernt seinen Grund und Boden kennen, welches die wichtigste Vorkehr ist beim Bitten, beim Lieben und beim Regieren.

165. Ein redlicher Widersacher seyn

. Der Mann von Verstand kann genöthigt werden, ein Widersacher, aber nicht, ein nichtswürdiger Widersacher zu seyn. Jeder muß handeln als der, welcher er ist, nicht als der, wozu sie ihn machen möchten. Der Edelsinn beim Kampf mit Nebenbulern erwirbt Beifall: man kämpfe so, daß man nicht bloß durch die Uebermacht, sondern auch durch die Art zu verfahren siegreich sei. Ein niederträchtiger Sieg ist kein Ruhm, vielmehr eine Niederlage. Immer behält der Edelmuth die Oberhand. Der rechtliche Mann gebraucht nie verbotene Waffen: dergleichen aber sind die der beendigten Freundschaft gegen den begonnenen Haß, da man nie das geschenkte Zutrauen zur Rache benutzen darf. Alles, was nach Verrath auch nur riecht, befleckt den guten Namen. In Leuten, die auf Achtung Anspruch haben, befremdet jede Spur von Niedrigkeit: Seelenadel und Verworfenheit müssen weit auseinander bleiben. Man setze seinen Ruhm darin, daß wenn Edelsinn, Großmuth und Treue sich aus der Welt verloren hätten, sie in unserer Brust noch wiederzufinden seyn würden.

166. Den Mann von Worten von dem von Werken unterscheiden

. Diese Unterscheidung erfordert die größte Genauigkeit, eben wie die der Freunde, der Personen und der Aemter; da alle diese Dinge große Verschiedenheiten haben. Weder gute Worte, noch schlechte Werke, ist schon schlimm; aber weder schlechte Worte, noch gute Werke, ist schlimmer. Worte kann man nicht essen, sie sind Wind; und von Artigkeiten kann man nicht leben, sie sind ein höflicher Betrug. Die Vögel mit dem Lichte fangen, ist das wahre Blenden. Die Eiteln lassen sich mit Wind abspeisen. Die Worte sollen das Unterpfand der Werke seyn, und dann haben sie ihren Werth. Die Bäume, die keine Frucht, sondern nur Blätter tragen, pflegen ohne Mark zu seyn: man muß sie kennen, die einen zum Nutzen, die andern zum Schatten.

167. Sich zu helfen wissen

. In großen Gefahren giebt es keinen bessern Gefährten, als ein wackeres Herz: und sollte es schwach werden; so müssen die benachbarten Theile ihm aushelfen. Die Mühseligkeiten verringern sich dem, der sich zu helfen weiß. Man muß nicht dem Schicksal die Waffen strecken: denn da würde es sich vollends unerträglich machen. Manche helfen sich gar wenig in ihren Widerwärtigkeiten und verdoppeln solche, weil sie sie nicht zu tragen verstehn. Der, welcher sich schon kennt, kommt seiner Schwäche durch Ueberlegung zu Hülfe, und der Kluge besiegt Alles, sogar das Gestirn.

168. Nicht zu einem Ungeheuer von Narrheit werden.

Dergleichen sind alle Eitele, Anmaaßliche, Eigensinnige, Kapriziöse, von ihrer Meinung nicht Abzubringende, Ueberspannte, Gesichterschneider, Possenreißer, Neuigkeitskrämer, Paradoxisten, Sektirer und verschrobene Köpfe jeder Art: sie sind alle Ungeheuer von Ungebührlichkeit. Aber jede Mißgestalt des Geistes ist häßlicher als die des Leibes, weil sie einer höheren Gattung von Schönheit widerstreitet. Allein, wer soll einer so großen und gänzlichen Verstimmung zu Hülfe kommen? Wo die große Obhut seiner selbst fehlt, ist keine Leitung mehr möglich: und an die Stelle eines nachdenkenden Bemerkens des fremden Spottes, ist der falsche Dünkel eines eingebildeten Beifalls getreten.

169. Mehr darauf wachen, nicht Ein Mal zu fehlen, als hundert Mal zu treffen

. Nach der strahlenden Sonne sieht Keiner, aber Alle nach der verfinsterten. Die gemeine Kritik der Welt wird dir nicht, was dir gelungen, sondern was du verfehlt hast nachrechnen. Die üble Nachrede trägt den Ruf der Schlechten weiter, als der erlangte Beifall den der Guten. Viele kannte die Welt nicht eher, als bis sie sich vergangen hatten. Alle gelungenen Leistungen eines Mannes zusammengenommen sind nicht hinreichend, einen einzigen und kleinen Makel auszulöschen. Also komme Jeder vom Irrthum hierüber zurück, und wisse, daß Alles was er je schlecht gemacht, jedoch nichts von dem, was er gut gemacht, von den Uebelwollenden angemerkt werden wird.

170. Bei allen Dingen stets etwas in Reserve haben

. Dadurch sichert man seine Bedeutsamkeit. Nicht alle seine Fähigkeiten und Kräfte soll man sogleich und bei jeder Gelegenheit anwenden. Auch im Wissen muß es eine Arriere-Garde geben: man verdoppelt dadurch seine Vollkommenheiten. Stets muß man etwas haben, wozu man, bei der Gefahr eines schlechten Ausgangs, seine Zuflucht nehmen kann. Der Entsatz leistet mehr als der Angriff; weil er Werth und Ansehn hervorhebt. Der Kluge geht stets mit Sicherheit zu Werke: und auch in der hier betrachteten Rücksicht gilt jenes pikante Paradoxon:»mehr ist die Hälfte, als das Ganze.« Hesiobus

171. Die Gunst nicht verbrauchen

. Die großen Gönner sind für die großen Gelegenheiten. Ein großes Zutrauen soll man nicht zu kleinen Dingen in Anspruch nehmen: denn das hieße die Gunst vergeuden. Das heilige Anker bleibe stets für die äußerste Gefahr aufbewahrt. Wenn man zu geringen Zwecken das Große mißbraucht, was wird dann nachmals übrig bleiben? Keine Sache hat höhern Werth, als Beschützer; und nichts ist heut zu Tage kostbarer, als die Gunst: sie baut die Welt auf und zerstört sie: sogar Geist kann sie geben und nehmen. So günstig Natur und Ruhm den Weisen sind, so neidisch ist gegen sie gewöhnlich das Glück. Es ist wichtiger, sich die Gunst der Mächtigen zu erhalten, als Gut und Habe.

172. Sich nicht mit dem einlassen, der nichts zu verlieren hat

. Denn dadurch geht man einen ungleichen Kampf ein. Der Andre tritt sorglos auf: denn er hat sogar die Schaam verloren, ist mit Allem fertig geworden und hat weiter nichts zu verlieren. Daher wirft er sich zu jeder Ungebührlichkeit auf. So schrecklicher Gefahr darf man nie seinen unschätzbaren Ruf aussetzen, der so viele Jahre zu erwerben gekostet hat und jetzt in Einem Augenblick verloren gehen kann, indem ein einziger schmählicher Unfall so vielen heißen Schweiß vergeblich machen würde. Der Mann von Pflicht- und Ehr-Gefühl nimmt Anstand, weil er viel zu verlieren hat: er zieht sein Ansehn und dann das des Andern in Erwägung: nur mit Behutsamkeit läßt er sich ein und geht dann mit solcher Zurückhaltung zu Werke, daß die Vorsicht Raum behält, sich zu rechter Zeit zurückzuziehn und sein Ansehn in Sicherheit zu bringen. Denn nicht einmal durch einen glücklichen Ausgang würde er das gewinnen, was er schon dadurch verloren hätte, daß er sich einem unglücklichen aussetzte.

173. Nicht von Glas seyn im Umgang, noch weniger in der Freundschaft

. Einige brechen ungemein leicht, wodurch sie ihren Mangel an Bestand zeigen. Sich selbst erfüllen sie mit vermeintlichen Beleidigungen und die Andern mit Widerwillen. Die Beschaffenheit ihres Gemüths ist zarter als die ihres Augensterns, da sie weder im Scherz noch im Ernst eine Berührung duldet. Die unbedeutendsten Kleinigkeiten beleidigen sie: es bedarf keiner Ausfälle. Wer mit ihnen umgeht, muß mit der äußersten Behutsamkeit verfahren, stets ihre Zartheit berücksichtigen und sogar ihre Miene beobachten, da der geringste Uebelstand ihnen Verdruß erregt. Dies sind meistens sehr eigene Leute, Sklaven ihrer Laune, der zu Liebe sie Alles über den Haufen würfen, und Götzendiener ihrer eingebildeten Ehre.

Dagegen ist das Gemüth eines Liebenden hart und ausdauernd, wie ein Diamant, und daher ein Amant ein halber Diamant zu nennen.

174.   Nicht hastig leben

. Die Sachen zu vertheilen wissen, heißt sie zu genießen verstehn. Viele sind mit ihrem Glück früher als mit ihrem Leben zu Ende: sie verderben sich die Genüsse, ohne ihrer froh zu werden: und nachher möchten sie umkehren, wann sie ihres weiten Vorsprungs inne werden. Sie sind Postillione des Lebens, die zu dem allgemeinen raschen Lauf der Zeit noch das ihnen eigene Stürzen hinzufügen. Sie möchten in Einem Tage verschlingen, was sie kaum im ganzen Leben verdauen könnten. Vor den Freuden des Lebens sind sie immer voraus, verzehren schon die kommenden Jahre, und da sie so eilig sind, werden sie schnell mit Allem fertig. Man soll sogar im Durst nach Wissen ein Maaß beobachten, damit man nicht die Dinge lerne, welche es besser wäre nicht zu wissen. Wir haben mehr Tage als Freuden zu erleben. Man sei langsam im Genießen, schnell im Wirken: denn die Geschäfte sieht man gern, die Genüsse ungern beendigt.

175.   Ein Mann von Gehalt seyn

: und wer es ist, findet kein Genüge an denen, die es nicht sind. Ein elendes Ding ist äußeres Ansehn, welchem kein innerer Gehalt zum Grunde liegt. Nicht Alle, die ganze Leute zu seyn scheinen, sind es; vielmehr sind manche trügerisch: von Schimären geschwängert gebären sie Betrügereien, wobei sie von Andern, ihnen ähnlichen unterstützt werden, welche am Ungewissen, welches ein Betrug verheißt, weil es recht viel ist, mehr Gefallen finden, als am Sichern, welches eine Wahrheit verspricht, weil es nur wenig ist. Am Ende nehmen ihre Hirngespinste ein schlechtes Ende, weil sie ohne feste und tüchtige Grundlage waren. Ein Betrug macht viele andre nothwendig, daher denn das ganze Gebäude schimärisch ist, und, weil in der Luft erbaut, nothwendig zur Erde herabfallen muß. Falsch angelegte Dinge sind nie von Bestand: schon daß sie so viel verheißen, muß sie verdächtig machen; wie das, was zu viel beweist, selbst nicht richtig sehn kann.

176. **Einsicht haben, oder den anhören, der sie hat**

Ohne Verstand, eigenen oder geborgten, läßt sich's nicht leben. Allein Viele wissen nicht, daß sie nichts wissen, und Andre glauben zu wissen, wissen aber nichts. Gebrechen des Kopfs sind unheilbar, und da die Unwissenden sich nicht kennen, suchen sie auch nicht was ihnen abgeht. Manche würden weise seyn, wenn sie nicht es zu seyn glaubten. Daher kommt es, daß, obwohl die Orakel der Klugheit selten sind, diese dennoch unbeschäftigt leben, weil Keiner sie um Rath fragt. Sich berathen, schmälert nicht die Größe und zeugt nicht vom Mangel eigner Fähigkeit, vielmehr ist, sich gut berathen, ein Beweis derselben. Man überlege mit der Vernunft, damit man nicht widerlegt werde vom unglücklichen Ausgang.

177. **Den vertraulichen Fuß im Umgang ablehnen**

Weder sich, noch Andern darf man ihn erlauben. Wer sich auf einen vertraulichen Fuß setzt, verliert sogleich die Ueberlegenheit, welche seine Untadelhaftigkeit ihm gab, und in Folge davon auch die Hochachtung. Die Gestirne, weil sie mit uns sich nicht gemein machen, erhalten sich in ihrem Glanz. Das Göttliche gebietet Ehrfurcht. Jede Leutseligkeit bahnt den Weg zur Geringschätzung. Es ist mit den menschlichen Dingen so, daß, je mehr man sie besitzt und hält, desto weniger hält man von ihnen: denn die offene Mittheilung legt die Unvollkommenheit offen dar, welche die Behutsamkeit bedeckte. Mit Niemandem ist es räthlich sich auf einen vertrauten Fuß zu setzen, nicht mit Höhern, weil es gefährlich, nicht mit Geringern, weil es unschicklich ist, am wenigsten aber mit gemeinen Leuten, weil sie aus Dummheit verwegen sind, und die Gunst, welche man ihnen erzeigt, verkennend, solche für Schuldigkeit halten. Die große Leutseligkeit ist der Gemeinheit verwandt.

178. **Seinem Herzen glauben**

zumal wenn es erprobt ist: dann versage man ihm nicht das Gehör, da es oft das vorherverkündet, woran am meisten gelegen. Es ist ein Haus-Orakel. Viele sind durch das umgekommen, was sie stets gefürchtet hatten: was half aber das Fürchten, wenn sie nicht vorbeugten. Manche haben, als einen Vorzug ihrer begünstigten Natur, ein recht wahrhaftes Herz, welches sie allemal warnt und Lärm schlägt, wann Unglück droht, damit man ihm vorbeuge. Es zeugt nicht von Klugheit, daß man den Uebeln entgegengeht; es sei denn um sie zu überwinden.

179. Die Verschwiegenheit ist das Stempel eines fähigen Kopfes

. Eine Brust ohne Geheimniß ist ein offner Brief. Wo der Grund tief ist, liegen auch die Geheimnisse in großer Tiefe: denn da giebt es weite Räume und Höhlungen, in welche die Dinge von Wichtigkeit versenkt werden. Die Verschwiegenheit entspringt aus einer mächtigen Selbst-beherrschung, und sich in diesem Stücke zu überwinden, ist ein wahrer Triumph. So Vielen man sich entdeckt, so Vielen macht man sich zinsbar. In der gemäßigten Stimmung des Innern besteht die Gesundheit der Vernunft. Die Gefahren, mit welchen die Verschwiegenheit zu kämpfen hat, sind die mancherlei Versuche der Andern, das Widersprechen, in der Absicht sie dadurch zu verleiten, die Stichelreden, um etwas aufzujagen: bei welchem Allem der Aufmerksame ver-schlossener als je wird. Das, was man thun soll, muß man nicht sagen; und das, was man sagen soll, muß man nicht thun.

180. Nie sich nach dem richten, was der Gegner jetzt zu thun hätte

Der Dumme wird nie das thun, was der Kluge angemessen erachtet, weil er das Passende nicht herausfindet: ist er hingegen ein wenig klug; so wird er einen Schritt, den der Andre vorhergesehn, ja ihm vorgebaut hat, grade deshalb nicht ausführen. Man muß die Sachen von beiden Gesichtspunkten aus durchdenken, sie sorgfältig von beiden Seiten betrachten und sie zu einem doppelten Ausgang vorbereiten. Die Urtheile sind verschieden: der Unentschiedene bleibe aufmerksam und nicht sowohl auf das, was geschehn wird, als auf das, was geschehn kann, bedacht.

181. Ohne zu lügen, nicht alle Wahrheiten sagen

Nichts erfordert mehr Behutsamkeit als die Wahrheit: sie ist ein Aderlaß des Herzens. Es gehört gleich viel dazu, sie zu sagen und sie zu verschweigen zu verstehn. Man verliert durch eine einzige Lüge den ganzen Ruf seiner Unbescholtenheit. Der Betrug gilt für ein Vergehn und der Betrüger für falsch, welches noch schlimmer ist. Nicht alle Wahrheiten kann man sagen, die einen nicht, unser selbst wegen, die andern nicht, des Andern wegen.

182. Ein Gran Kühnheit bei Allem, ist eine wichtige Klugheit

Man muß seine Meinung von Andern mäßigen, um nicht so hoch von ihnen zu denken, daß man sich vor ihnen fürchte. Nie bemächtige sich die Einbildungskraft des Herzens. Viele scheinen gar groß, bis man sie persönlich kennen lernt: dann aber dient ihr Umgang mehr, die Täuschung zu zerstören, als die Wertschätzung zu erhöhen. Keiner überschreitet die engen Gränzen der Menschheit: Alle haben ihr Gebrechen, bald im Kopfe, bald im Herzen. Amt und Würde giebt eine scheinbare Überlegenheit, welche selten von der persönlichen begleitet wird: denn das Schicksal pflegt sich an der Höhe des Amtes durch die Geringfügigkeit der Verdienste zu rächen. Die Einbildungskraft ist aber immer im Vorsprung und malt die Sachen viel herrlicher, als sie sind: sie stellt sich nicht bloß vor, was ist, sondern auch was seyn könnte. Die durch so viele Erfahrungen von Täuschungen zurückgebrachte Vernunft weise jene zurecht. Doch soll so wenig die Dummheit verwegen, als die Tugend furchtsam seyn. Und wenn sogar der Einfalt ihr Selbstvertrauen oft durchhalf; wie viel mehr dem Werthe und dem Wissen.

183. Nichts gar zu fest ergreifen

Jeder Dumme ist fest überzeugt; und jeder fest Ueberzeugte ist dumm: je irriger sein Urtheil, desto größer sein Starrsinn. Sogar wo man augenfällig Recht hat, steht es schön an, nachzugeben: denn die Gründe, die wir für uns haben, sind nicht unbekannt, und nun sieht man unsre Artigkeit. Man verliert mehr durch ein halsstarriges Behaupten, als man durch den Sieg gewinnen kann; denn das heißt nicht ein Verfechter der Wahrheit, sondern der Grobheit seyn. Es giebt eiserne Köpfe, die im höchsten und äußersten Grade schwer zu überzeugen sind: kommt nun zum Festüberzeugtseyn noch der grillenhafte Eigensinn: so gehn beide eine unzertrennliche Verbindung mit der Narrheit ein. Die Festigkeit gehört in den Willen; nicht in den Verstand. Doch giebt es Fälle, die hievon eine Ausnahme gestatten, wo man nämlich verloren wäre, wenn man sich doppelt, erst im Urtheil und in Folge davon in der Ausführung besiegen ließe.

184. Nicht ceremoniös seyn

. Sogar in einem Könige war die Affektation hierin als eine Sonderbarkeit weltkundig. Wer in diesem Punkte krittlich ist, macht sich lästig: und doch haben ganze Nationen diese Eigenheit. Das Kleid der Narrheit ist aus solchen Dingen zusammengenäht: Leute dieses Schlages sind Götzendiener ihrer Ehre und zeigen doch, daß sie auf wenig gegründet ist, da sie fürchten, daß Alles dieselbe verletzen könne. Es ist gut, auf Achtung zu halten: aber man gelte nicht für einen großen Ceremonienmeister. Allerdings ist es wahr, daß ein Mann ohne alle Umstände, ausgezeichneter Tugenden bedarf. Man soll die Höflichkeit weder affektiren noch verachten: es zeugt nicht von Größe, daß man in Kleinigkeiten eigen ist.

185. Nie sein Ansehn von der Probe eines einzigen Versuchs abhängig machen

denn mißglückt er, so ist der Schaden unersetzlich. Es kann leicht kommen, daß man ein Mal fehlt, und besonders das erste. Zeit und Gelegenheit sind nicht immer günstig: daher man sagt, Jemand habe seinen glücklichen Tag. Seinen zweiten Versuch stelle man durch Verbindung mit dem ersten sicher: dann wird, er mag gelingen oder mißglücken, der erste seine Ehrenrettung seyn. Immer muß man seine Zuflucht zu einer Verbesserung nehmen und sich auf ein Mehreres berufen können. Die Dinge hängen von gar vielen und mancherlei Zufälligkeiten ab; daher eben der glückliche Ausgang so selten ist.

186. Fehler als solche erkennen, auch wenn sie in noch so hohem Ansehn stehen

Der Makellose verkenne das Laster nicht, auch wenn es sich in Gold und Seide kleidet: ja es wird bisweilen eine goldne Krone tragen, deshalb aber doch nicht weniger verwerflich seyn. Die Sklaverei bleibt niederträchtig, so sehr man sie durch die Hoheit des Herrn beschönigen möchte. Die Laster können hoch stehn, sind aber deshalb doch nichts Hohes. Manche sehn, daß jener große Mann mit diesem oder jenem Fehler behaftet ist; aber sie sehn nicht, daß er keineswegs durch denselben ein großer Mann ist. Das Beispiel der Höhern hat eine solche Ueberredungskraft, daß es uns sogar zu Häßlichkeiten beredet, und selbst die des Gesichts von Schmeichlern bisweilen affektirt wurden, welche jedoch nicht begriffen, daß wenn man bei den Großen gegen dergleichen die Augen verschließt, man es an den Geringen verabscheut.

187. Was Gunst erwirbt, selbst verrichten, was Ungunst, durch Andre

Durch das erstere gewinnt man die Liebe, durch das andre entgeht man dem Uebelwollen. Dem großen Mann giebt Gutes tun mehr Genuß, als Gutes empfangen: ein Glück seines Edelmuths. Nicht leicht wird man Andern Schmerz verursachen, ohne, entweder durch Mitleid, oder durch Vergeltung, selbst wieder Schmerz zu erdulden. Von Oben kann man nur durch Lohn oder Strafe wirken: da ertheile man das Gute unmittelbar, das Schlimme mittelbar. Man habe Jemanden, auf den die Schläge der Unzufriedenheit, welches Haß und Schmähungen sind, treffen. Denn die Wuth des Pöbels gleicht der der Hunde: die Ursache ihres Leidens verkennend, wendet sie sich wider das Werkzeug, welches, wie-wohl nicht die Hauptschuld tragend, für die unmittelbare büßen muß.

188. Löbliches zu berichten haben.

Es erhöht die gute Meinung von unserm Geschmack, indem es anzeigt, daß derselbe anderwärts das Vortreffliche kennen gelernt hat und daher auch hier es zu schätzen wissen wird: denn wer vordem Vollkommenheiten zu würdigen gewußt hat, wird ihnen auch nachmals Gerechtigkeit widerfahren lassen. Zudem giebt es Stoff zur Unterhaltung, zur Nachahmung, und befördert lobenswerthe Kenntnisse. Man erzeigt dadurch, auf eine sehr feine Weise, den gegenwärtigen Vollkommenheiten eine Höflichkeit. Andre machen es umgekehrt: sie begleiten ihre Erzählung immer mit Tadel und wollen dem Gegenwärtigen durch Herabsetzung des Abwesenden schmeicheln. Dies glückt ihnen bei oberflächlichen Leuten, welche nicht inne werden, wie listig sie, bei einem Jeden, recht schlecht vom Andern reden. Manche haben die Politik, die Mittelmäßigkeiten des heutigen Tages höher zu schätzen, als die vortrefflichsten Leistungen des gestrigen. Der Aufmerksame durchschaue alle diese Schliche und lasse sich weder durch die übertriebenen Erzählungen der Einen muthlos machen, noch durch die Schmeicheleien der Andern aufblasen; sondern sehe ein, daß Jene sich an Einem Orte grade so, wie am andern benehmen, ihre Meinungen vertauschen und sich stets nach dem Orte richten, an welchem sie eben sind.

189. Sich den fremden Mangel zu Nutze machen, denn erzeugt er den Wunsch; so wird er zur wirksamsten Daumschraube.

Die Philosophen haben gesagt, der Mangel, oder die Privation, sei nichts: die Politiker aber meinten, er sei Alles. Letztere haben es am besten verstanden. Manche wissen aus dem Wunsche der Andern eine Stufe zur Erreich-ung ihrer Zwecke zu machen. Sie benutzen die Gelegenheit und erregen Jenen, durch Vorstellung der Schwierigkeit des Erlangens, den Appetit. Sie versprechen sich mehr von der Leidenschaft-lichkeit der Sehnsucht, als von der Lauheit des Besitzes. Denn in dem Maaße, als der Widerstand zunimmt, wird der Wunsch leidenschaftlicher. Andre in Abhängigkeit zu erhalten wissen, um seine Zwecke zu erreichen, ist eine große Feinheit.

190. In Allem seinen Trost finden.

Sogar die Unnützen mögen ihn darin finden, daß sie unsterblich sind. Kein Kummer ohne seinen Trost. Für die Dummen ist es einer, daß sie Glück haben: auch das Glück häßlicher Weiber ist sprichwörtlich geworden. Um lange zu leben, ist ein gutes Mittel, wenig zu taugen. Das brüchige Gefäß ist stets das, was nie vollends zerbricht, sondern durch seine Dauer Überdruß erregt. Gegen die wichtigsten Menschen scheint das Schicksal Neid zu hegen, da es den un-nützesten Leuten die längste, den wichtigsten die kürzeste Lebensdauer verleiht. Alle, an denen viel gelegen, nehmen bald ein Ende; aber der, welcher Keinem etwas nützt, lebt ewig: theils, weil es uns so vorkommt, theils, weil es wirklich so ist. Dem Unglücklichen scheint es, daß das Glück und der Tod sich verschworen haben, ihn zu vergessen.

191. Nicht an der großen Höflichkeit sein Genügen haben:

denn sie ist eine Art Betrug. Einige bedürfen, um hexen zu können, nicht der Kräuter Thessaliens: denn mit dem schmeichelhaften Hutabziehen allein bezaubern sie eitele Dummköpfe. Ehrenbezeugungen sind ihre Münze und sie be-zahlen mit dem Hauch schöner Redensarten. Wer Alles verspricht, verspricht nichts: aber Versprechungen sind die Falle für die Dummen. Die wahre Höflichkeit ist Schuldig-keit, die affektirte, zumal die ungebräuchliche, Betrug: sie ist nicht Sache des Anstands; sondern ein Mittel Andre abhängig zu machen. Ihr Bückling gilt nicht der Person, sondern deren

Glücksumständen, und ihre Schmeichelei nicht den etwa erkannten Trefflichkeiten, sondern den gehofften Vortheilen.

192. Friedfertig leben, lange leben.

Um zu leben, leben lassen. Die Friedfertigen leben nicht nur; sie herrschen. Man höre, sehe und schweige. Der Tag ohne Streit bringt ruhigen Schlaf in der Nacht. Lange leben und angenehm leben, heißt für Zwei leben, und ist die Frucht des Friedens. Alles hat der, welcher sich aus dem nichts macht, woran ihm nichts liegt. Keine größre Verkehrtheit, als sich Alles zu Herzen nehmen. Gleich große Thorheit, daß uns das Herz durchbohre, was uns nicht angeht, und daß wir uns nicht kümmern wollen um das, was wichtig für uns ist.

193. Dem aufpassen, der mit der fremden Angelegenheit auftritt, um mit der eigenen abzuziehen.

Gegen die List ist die beste Vormauer die Aufmerksamkeit. Für seine Schliche, eine feine Nase. Viele machen aus ihrer eigenen Angelegenheit eine fremde: und ohne den Schlüssel zur Zifferschrift ihrer Absichten, wird man bei jedem Schritt in den Fall kommen, den fremden Vortheil, zum großen Schaden seiner Hand, aus dem Feuer holen zu müssen.

194. Von sich und seinen Sachen vernünftige Begriffe haben:

zumal beim Antritt des Lebens. Jeder hat eine hohe Meinung von sich, am meisten aber die, welche am wenigsten Ursache haben. Jeder träumt sich sein Glück und hält sich für ein Wunder. Die Hoffnung macht die übertriebensten Versprechungen, welche nachher die Erfahrung durchaus nicht erfüllt. Dergleichen eitle Einbildungen werden eine Quelle der Quaalen, wann einst die wahrhafte Wirklichkeit die Täuschung zerstört. Der Kluge komme solchen Verirrungen zuvor: er mag immerhin das Beste hoffen; jedoch erwarte er stets das Schlimmste, um was kommen wird mit Gleichmuth zu empfangen. Zwar ist es geschickt, etwas zu hoch zu zielen, damit der Schuß richtig treffe; jedoch nicht so sehr, daß man den Antritt seiner Laufbahn darüber ganz verfehle. Diese Berichtigung der Begriffe ist schlechterdings nothwendig: denn vor der Erfahrung ist die Erwartung meistens sehr ausschweifend. Die beste Universalmedicin gegen alle Torheiten ist die Einsicht. Jeder erkenne die Sphäre seiner

Tätigkeit und seines Standes: dann wird er seine Begriffe nach der Wirklichkeit berichtigen.

195. Zu schätzen wissen.

Es giebt Keinen, der nicht in irgend etwas der Lehrer des Andern seyn könnte: und Jeder, der Andre übertrifft, wird selbst noch von Jemandem übertroffen werden. Von Jedem Nutzen zu ziehn verstehn, ist ein nützliches Wissen. Der Weise schätzt Alle, weil er in Jedem das Gute erkennt und weiß, wie viel dazu gehört, eine Sache gut zu machen. Der Dumme verachtet Alle, weil er das Gute nicht kennt und das Schlechtere erwählt.

196. Seinen Glücksstern kennen.

Niemand ist so hülflos, daß er keinen hätte: und ist er unglücklich; so ist es, weil er ihn nicht kennt. Einige stehen bei Fürsten und Mächtigen in Ansehn, ohne zu wissen, wie oder weshalb, als nur, daß eben ihr Schicksal ihnen diese Gunst leicht machte, wobei der Bemühung bloß das Nachhelfen blieb. Andre besitzen die Gunst der Weisen. Mancher fand bei Einer Nation bessere Aufnahme, als bei der andern, und war in dieser Stadt lieber gesehn, als in jener. Ebenso hat man oft mehr Glück in Einem Amte oder Stand, als in den übrigen; und Alles dieses bei Gleichheit, ja Einerleiheit der Verdienste. Das Schicksal mischt die Karten, wie und wann es will. Jeder kenne seinen Glücksstern, eben wie auch sein Talent: denn hievon hängt es ab, ob er sein Glück macht oder verscherzt. Er wisse seinem Stern zu folgen, ihm nachzuhelfen und hüte sich ihn zu vertauschen: denn das wäre, wie wenn man den Polarstern verfehlt, auf welchen doch der nahe kleine Bär hindeutet.

197. Sich keine Narren auf den Hals laden:

wer sie nicht kennt, ist selbst einer, noch mehr der, welcher sie kennt und nicht von sich abhält. Für den oberflächlichen Umgang sind sie gefährlich, für den vertrauten verderblich. Und wenn auch ihre eigene Behutsamkeit und fremde Sorgfalt sie eine Zeit lang in Schranken hält; so begehen oder sagen sie zuletzt doch eine Dummheit, und haben sie so lange gewartet, so war es, damit sie desto ansehnlicher ausfiele. Schlecht wird das fremde Ansehn unterstützen, wer selbst keines hat. Sie sind sehr unglücklich, welches das der Narrheit beigegebene Leiden ist und sich mit ihr wechselseitig ausgleicht. Nur Eines ist an ihnen so übel nicht, und das ist, daß obgleich für sie die Klugen von keinem Nutzen sind, sie hingegen von vielem für die Weisen, theils zur Erkenntniß, theils zur Uebung.

198. Sich zu verpflanzen wissen.

Es giebt Nationen, die um zu gelten, versetzt werden müssen; zumal in Hinsicht auf hohe Stellen. Das Vaterland ist allemal stiefmütterlich gegen ausgezeichnete Talente: denn in ihm, als dem Boden, dem sie entsprossen, herrscht der Neid, und man erinnert sich mehr der Unvollkommenheit, mit der Jemand anfieng, als der Größe, zu der er gelangt ist. Eine Nadel konnte Wertschätzung erhalten, nachdem sie von Einer Welt zur andern gereist war, und ein Glas, weil es in ein andres Land gebracht worden, machte den Diamanten geringgeschätzt. Alles Fremde wird geachtet, theils weil es von Ferne kommt, theils weil man es ganz fertig und in seiner Vollkommenheit erhält. Leute hat man gesehn, die einst die Verachtung ihres Winkels waren und jetzt die Ehre der Welt sind, hoch-geschätzt von ihren Landsleuten und von den Fremden, von jenen, weil sie sie von Weitem, von diesen, weil sie sie als weither sehen. Nie wird der die Statue auf dem Altar gehörig verehren, der sie als einen Stamm im Garten gekannt hat.

199. Sich Platz zu machen wissen, als ein Kluger, nicht als ein Zudringlicher.

Der wahre Weg zu hohem Ausehn ist das Verdienst, und liegt dem Fleiße ächter Werth zum Grunde; so gelangt man am kürzesten dahin. Bloße Makellosigkeit reicht nicht aus, bloßes Mühen und Treiben ist unwürdig, denn dadurch langen die Sachen so mit Koth bespritzt an, daß der Ekel ihrem Ansehn schadet. Die Sache ist ein Mittelweg zwischen verdienen und sich einzuführen verstehn.

200. Etwas zu wünschen übrig haben,

um nicht vor lauter Glück unglücklich zu seyn. Der Leib will athmen, und der Geist streben. Wer Alles besäße, wäre über Alles enttäuscht und mißvergnügt. Sogar dem Verstande muß etwas zu wissen übrig bleiben, was die Neugier lockt und die Hoffnung belebt. Ueber-sättigungen an Glück sind tödtlich. Beim Belohnen ist es eine Geschicklichkeit, nie gänzlich zufrieden zu stellen. Ist nichts mehr zu wünschen; so ist Alles zu fürchten: unglückliches Glück! wo der Wunsch aufhört, beginnt die Furcht.

201. Narren sind Alle, die es scheinen, und die Hälfte derer, die es nicht scheinen.

Die Narrheit ist mit der Welt davon gelaufen: und giebt es noch einige Weisheit, so ist sie Thorheit vor der himmlischen. Jedoch ist der größte Narr, wer es nicht zu seyn glaubt und alle Andern dafür erklärt. Um weise zu seyn, reicht nicht hin, daß man es scheine, am wenigsten sich selber. Der weiß, welcher nicht denkt, daß er wisse: und der sieht nicht, der nicht sieht, daß die Andern sehn. Und obschon die Welt voll Narren ist, so ist keiner darunter, der es von sich dächte, ja nur argwöhnte.

202. Reden und Thaten machen einen vollendeten Mann.

Sagen soll man was vortrefflich und thun was ehrenvoll ist: das Eine zeigt die Vollkommenheit des Kopfes, das Andere die des Herzens, und Beide gehen aus der Erhabenheit der Seele hervor. Die Reden sind der Schatten der Thaten; jene sind weiblicher, diese männlicher Natur. Besser gerühmt zu seyn, als ein Rühmer. Das Sagen ist leicht, das Thun schwer. Die Thaten sind die Substanz des Lebens, die Reden sein Schmuck. Das Ausgezeichnete in Thaten ist bleibend, das in Reden vergänglich. Die Handlungen sind die Frucht der Gedanken: waren diese weise; so sind jene erfolgreich.

203. Das ausgezeichnet Große seines Jahrhunderts kennen.

Es wird desselben nicht viel seyn: ein Phönix in einer ganzen Welt, ein großer Feldherr, ein vollkommner Redner, ein Weiser in einem ganzen Jahrhundert, ein großer König in vielen. Das Mittelmäßige ist sehr gewöhnlich, sowohl der Zahl als der Wertschätzung nach; hingegen das ausgezeichnet Große selten in jeder Hinsicht, weil es vollendete Voll-kommenheit erfordert, und je höher die Gattung, desto schwieriger ist das Höchste in ihr. Viele haben den Beinamen der Großen, der dem Cäsar und Alexander gehört, ange-nommen, aber vergeblich, da ohne die Thaten das Wort ein bloßer Hauch ist. Wenige Senekas hat es gegeben und nur Einen Apelles kannte die Welt.

204. Man unternehme das Leichte, als wäre es schwer, und das Schwere, als wäre es leicht:

jenes, damit das Selbstvertrauen uns nicht sorglos, dieses, damit die Zaghaftigkeit uns nicht muthlos mache. Damit eine Sache nicht gethan werde, bedarf es nur, daß man sie als schon gethan betrachte: und im Gegentheil macht Fleiß und Anstrengung das Unmögliche möglich. Die großen Obliegenheiten darf man sogar nicht bedenken, damit der Anblick der Schwierigkeit nicht unsre Thatkraft lähme.

205. Die Verachtung zu handhaben verstehen

Um die Sachen zu erlangen, ist ein schlauer Kunstgriff, daß man sie geringschätze: gewöhnlich wird man ihrer nicht habhaft, wann man sie sucht, und nachher, wann man nicht darauf achtet, fallen sie uns von selbst in die Hand. Da alle Dinge dieser Welt ein Schatten der ewigen Dinge sind; so haben sie mit dem Schatten auch diese Eigenschaft gemein, daß sie den fliehen, der ihnen folgt, und dem folgen, der vor ihnen flieht. Die Verachtung ist ferner auch die klügste Rache; es ist feste Maxime der Weisen, sich nicht mit der Feder zu vertheidigen: denn solche Verteidigung läßt eine Spur nach und schlägt mehr in Verherrlichung der Widersacher, als in Züchtigung ihrer Verwegenheit aus. Es ist ein Kniff der Unwürdigen, als Gegner großer Männer aufzutreten, um auf indirektem Wege zu der Berühmtheit zu gelangen, welcher sie auf dem direkten, durch Verdienste, nie theilhaft geworden wären: und von Vielen würden wir nie Kunde erhalten haben, hätten ihre ausgezeichneten Gegner sich nicht um sie gekümmert. Keine Rache thut es dem Vergessen gleich, durch welches sie im Staube ihres Nichts begraben werden. Solche Verwegne wähnen sich dadurch unsterblich zu machen, daß sie an die Wunder der Welt und der Jahrhunderte Feuer anlegen. Die Kunst die Verläumdung zu beschwichtigen ist sie unbeachtet zu lassen; gegen sie ankämpfen, bringt Nachtheil: und eine Herstellung unsers Ansehns, die es schmälert, ist den Gegnern wohlgefällig: denn selbst jener Schatten eines Makels benimmt unserm Ruhm seinen Glanz, wenn er ihn auch nicht ganz verdunkeln kann.

206. **Man soll wissen, daß es Pöbel überall giebt**

selbst im schönen Korinth, in der auserlesensten Familie:
Jeder macht ja die Erfahrung in seinem eigenen Hause. Nun
giebt es aber Pöbel und Gegen-Pöbel, der noch schlimmer ist:
dieser specielle theilt mit dem allgemeinen alle
Eigenschaften, wie die Stücke des zerbrochenen Spiegels: er
ist aber schädlicher: er redet dumm, tadelt verkehrt, ist ein
großer Schüler der Unwissenheit, Gönner und Patron der
Narrheit und Bundesgenosse der Klatscherei: man beachte
nicht was er sagt, noch weniger was er denkt. Es ist wichtig,
ihn zu kennen, um sich von ihm zu befreien: denn jede
Dummheit ist Pöbelhaftigkeit, und der Pöbel besteht aus den
Dummen.

207. **Sich mäßigen**

Man soll einen Fall wohl überlegen, zumal einen Unfall. Die
Anwandlungen der Leidenschaft sind das Glatteis der
Klugheit, und hier liegt die Gefahr, sich ins Verderben zu
stürzen. Von Einem Augenblick der Wuth, oder der Fröhlich-
keit wird man weiter geführt, als von vielen Stunden des
Gleichmuths; und da bereitet manchmal eine kurze Weile die
Beschämung des ganzen Lebens. Fremde Arglist legt oft
absichtlich solche Versuchungen der Vernunft an, um eine
Entdeckungsreise ins Innere des Geistes zu machen, und
benutzt dergleichen Daumschrauben der Geheimnisse, die im
Stande sind den überlegensten Kopf aufs Aeußerste zu
treiben. Zur Gegenlist diene die Mäßigung, vorzüglich bei
plötzlichen Fällen. Ein sehr überlegter Geist ist erfordert,
wenn nicht ein Mal eine Leidenschaft das Gebiß zwischen die
Zähne nehmen soll, und gewaltig klug muß der seyn, der es
zu Pferde bleibt (siehe Anmerk. zu §. 155). Wer die Gefahr
begriffen hat, geht mit Behutsamkeit seinen Weg. So leicht
ein Wort dem scheint, der es hinwirft, so schwer dem, der es
aufnimmt und wiegt.

208. **Nicht an der Narrenkrankheit sterben**

Meistens sterben die Weisen, nachdem sie den Verstand
verloren haben; die Narren hingegen ganz voll von gutem
Rath. Wie ein Narr sterben, heißt, von zu vielem Denken
sterben. Einige sterben, weil sie denken und empfinden;
Andere leben, weil sie nicht denken und empfinden: diese
sind Narren, weil sie nicht vor Schmerz sterben, und jene, weil

sie es thun. Ein Narr ist, wer an zu großem Verstande stirbt: demnach sterben Einige, weil sie gescheut, und leben Andre, weil sie nicht gescheut sind. Jedoch obgleich Viele wie Narren sterben; so sterben doch wenige Narren.

209. Sich von allgemeinen Narrheiten frei halten

ist eine recht besondre Klugheit. Jene haben viel Gewalt, weil sie eben allgemein eingeführt sind, und Mancher, welcher sich von keiner Privat-Narrheit überwältigen ließ, konnte doch der allgemeinen nicht entgehn. Es gehören dahin solche gemeine Vorurtheile, wie daß Keiner mit seinem Schicksale, und wäre es das beste, zufrieden, noch unzufrieden mit seinem Verstande ist, wäre er auch der schlechteste; ferner, daß Alle, mit ihrem eigenen Glücke unzufrieden, das fremde beneiden; sodann daß die Leute des heutigen Tages die Dinge von gestern loben, und die von hier die Dinge von dort: alles Vergangene scheint besser, alles Entfernte wird höher geschätzt. Wer über Alles lacht, ist ein eben so großer Narr, als wer sich über Alles betrübt.

210. Die Wahrheit zu handhaben verstehn

Sie ist ein gefährlich Ding: jedoch kann der rechtliche Mann nicht unterlassen sie zu sagen. Hier bedarf es nun der Kunst: geschickte Aerzte der Seele haben auf Arten sie zu versüßen gedacht; denn wenn sie auf Zerstörung einer Täuschung hinausläuft, ist sie die Quintessenz des Bittern. Die gute Manier wendet hier ihre Geschicklichkeit an: sie kann mit derselben Wahrheit dem Einen schmeicheln und den Andern zu Boden werfen. Man handle die Sache der Gegenwärtigen in der der längst Vergangenen ab. Bei dem, der zu verstehn weiß, ist ein Wink hinreichend: Wäre aber nichts hinreichend; so tritt der Fall des Verstummens ein. Fürsten darf man nicht mit bittern Arzneien kuriren: deshalb ist es eine Kunst, die Enttäuschungen zu vergolden.

211. Im Himmel ist Alles Wonne

in der Hölle Alles Jammer, in der Welt, als dem Mittleren, das Eine und das Andre. Wir stehn zwischen zwei Extremen, und sind daher beider theilhaft. Das Schicksal wechselt: Alles soll nicht Glück, noch Alles Mißgeschick seyn. Diese Welt ist eine Null: für sich allein gilt sie nichts, aber mit dem Himmel in Verbindung gesetzt, viel. Gleichmuth bei ihrem Wechsel ist vernünftig, und Neuheit ist nicht die Sache des Weisen. Unser Leben verwickelt sich in seinem Fortgang, wie ein Schauspiel, und entwickelt sich zuletzt wieder: daher sei man auf das gute Ende bedacht.

212. Die letzten Feinheiten der Kunst stets zurückbehalten.

Eine Maxime großer Meister, die ihre Klugheit, auch indem sie solche lehren, noch anwenden: immer muß man überlegen bleiben, immer Meister. Mit Kunst muß man die Kunst mittheilen und nie die Quelle der Belehrung erschöpfen, so wenig als die des Gebens. Dadurch wird man sein Ansehn und die fremde Abhängigkeit erhalten. Im Gefallen und im Belehren hat man jene große Vorschrift zu beobachten, stets mit Bewundrung kirre zu erhalten und die Vollkommenheit immer weiter zu führen. Die Reserve bei allen Dingen ist eine große Regel zum Leben, zum Siegen und am meisten auf hohen Stellen.

213. Zu widersprechen verstehn.

Eine große List zum Erforschen; nicht um sich, sondern um den Andern in Verwickelung zu bringen. Die wirksamste Daumschraube ist die, welche die Affekten in Bewegung setzt: daher ist ein wahres Vomitiv für Geheimnisse die Lauheit im glauben derselben: sie ist der Schlüssel zur verschlossensten Brust, und untersucht, mit großer Feinheit, zugleich den Willen und den Verstand. Eine schlaue Geringschätzung des mysteriösen Wortes, welches der Andre fallen ließ, jagt die verborgensten Geheimnisse auf, bringt sie mit Süßigkeit in einzelnen Bissen zum Munde, bis sie auf die Zunge und von da ins Netz des künstlichen Betruges gerathen. Die Zurückhaltung des Aufpassenden macht, daß die des Andern die Vorsicht aus der Acht läßt, und so kommt seine Gesinnung an den Tag, wann auch sein Herz auf andere Weise unerforschlich war. Ein erkünsteltes Zweifeln ist der feinste Dietrich, dessen die Neugier sich bedienen kann, um herauszubringen was sie verlangt. Auch beim Lernen sogar ist es eine gute List des Schülers, dem Lehrer zu widersprechen, der jetzt, von größerm Eifer hingerissen, sich tiefer in die Eröffnung des Grundes seiner Wahrheiten einläßt; so daß eine gemäßigte Bestreitung eine vollendete Belehrung veranlaßt.

214. Nicht aus Einem dummen Streich zwei machen:

es geschieht häufig, daß man, um einen zu verbessern, vier andere begeht, oder Eine Ungehörigkeit durch eine größere gut machen will. Entweder ist die Thorheit aus der Familie der Lüge, oder diese aus der jener; da beide dies gemein haben, daß jede einzelne, um sich aufrecht zu erhalten, viele andre nothwendig macht. Schlimmer als die schlechte Anklage war stets die Inschutznahme derselben, und übler als das Uebel selbst ist es, solches nicht verhehlen zu können. Es ist das Erbtheil der Unvollkommenheiten, daß jede noch viele andre auf Zinsen giebt. Ein Versehn zu machen, kann dem gescheutesten Manne begegnen, jedoch nicht zwei; und selbst jenes nur im Lauf, nicht im Sitzen.

215. Dem aufpassen, der mit der zweiten Absicht herankommt.

Es ist eine List der Unterhändler, den fremden Willen einzuschläfern, um ihn anzugreifen: denn ist er umgangen, so ist er überwunden. Sie verhehlen ihre Absicht, um sie zu erreichen, und stellen sie zu hinterst, damit sie bei der Ausführung vorne zu stehn komme; und der Streich gelingt, wenn man ihn nicht bemerkt. Daher schlafe die Aufmerksamkeit nicht, da die Absichtlichkeit so sehr wach ist: und stellt diese sich nach hinten, um sich zu verstecken; so trete jene nach vorne, um sie zu erkennen. Die Vorsicht bemerke die Künste, mit denen so ein Mann von zwei Absichten herankommt, und sehe die Vorwände, die er, um seine wahre Absicht zu erreichen, aufstellt. Eins schlägt er vor, ein andres will er haben; plötzlich aber kehrt er es geschickt um, und trifft grade in das Weiße seiner Zielscheibe. Man wisse deshalb, was man ihm einräumt: und bisweilen wird es angemessen seyn, ihm zu verstehn zu geben, daß man ihn verstanden hat.

216. Die Kunst des Ausdrucks besitzen:

sie besteht nicht nur in der Deutlichkeit, sondern auch in der Lebendigkeit des Vortrags. Einige haben eine glückliche Empfängniß, aber eine schwere Geburt: denn ohne Klarheit können die Kinder des Geistes, die Gedanken und Beschlüsse, nicht wohl zur Welt gebracht werden. Manche gleichen, in ihrer Fassungskraft, jenen Gefäßen, die zwar viel fassen, aber nur wenig von sich geben: Andre wieder sagen sogar mehr, als sie gedacht haben. Was für den Willen die Entschlossenheit, ist für den Verstand die Gabe des Vortrags: zwei hohe

Vorzüge. Die Köpfe, welche die Gabe lichtvoller Klarheit haben, erlangen Beifall; die verworrenen werden bisweilen verehrt, weil Keiner sie versteht. Zu Zeiten ist es passend dunkel zu seyn, um nicht gemein zu werden: allein wie sollen die Hörer den begreifen, der mit dem, was er sagt, eigentlich selbst keinen Begriff verknüpft?

217. Nicht auf immer lieben, noch hassen

Seinen heutigen Freunden traue man so, als ob sie morgen Feinde seyn würden und zwar die schlimmsten. Da dieses in der Wirklichkeit Statt hat; so finde es solche auch in der Vorkehr. Man gebe nicht den Ueberläufern der Freundschaft Waffen in die Hände, mit denen sie nachher den blutigsten Krieg führen. Dagegen stehe den Feinden beständig die Thüre zur Versöhnung offen, und zwar sei es die des Edelsinns, als die sicherste. Manchem ist schon seine frühere Rache zur Quaal geworden und die Freude über seinen verübten bösen Streich hat sich in Betrübniß verkehrt.

218. Nie aus Eigensinn handeln, sondern aus Einsicht.

Jeder Eigensinn ist ein Auswuchs des Geistes, ein Erzeugniß der Leidenschaft, welche noch nie die Dinge richtig geleitet hat. Es giebt Leute, die aus Allem einen kleinen Krieg machen, wahre Banditen des Umgangs: Alles was sie ausführen, soll zu einem Siege werden und sie kennen kein friedliches Verfahren. Diese sind, wenn sie gebieten und herrschen, verderblich: denn sie machen aus der Regierung eine Faktion, und Feinde aus denen, die sie als ihre Kinder ansehen sollten. Sie wollen Alles durch Ränke vorbereiten und es sodann als die Frucht ihrer Künstelei erlangen. Allein wann die Uebrigen ihren verkehrten Sinn erkannt haben; so lehnt Alles sich gegen sie auf, weiß ihre schimärischen Pläne zu stören und sie erlangen nichts, sondern tragen nur eine Last von Verdrießlichkeiten davon, indem Alle helfen ihr Leidwesen zu vermehren. Diese haben einen verschrobnen Kopf und mitunter auch ein verruchtes Herz. Gegen Ungeheuer dieser Art ist weiter nichts zu thun, als sie zu fliehen und wäre es bis zu den Antipoden, deren Barbarei leichter zu ertragen seyn wird, als die Abscheulichkeit jener.

219. Man gelte nicht für einen Mann von Verstellung

obgleich sich's ohne solche heut zu Tage nicht leben läßt. Für vorsichtig sei man gehalten, nicht für listig. Daß man schlicht in seinem Thun sei, ist Allen angenehm, wiewohl es nicht Jeder für sein eigenes Haus mag. Die Aufrichtigkeit gehe nicht in Einfalt über, und die Klugheit nicht in Arglist. Man sei lieber als ein Weiser geehrt, als wegen seiner Schlauheit gefürchtet. Die Offenherzigen werden geliebt, aber betrogen. Die größte Kunst bestehe darin, daß man bedecke was für Betrug gehalten wird. Im goldnen Zeitalter war die Gradheit an der Tagesordnung, in diesem eisernen ist es die Arglist. Der Ruf, ein Mann zu seyn, welcher weiß was er zu thun hat, ist ehrenvoll und erwirbt Zutrauen; aber der eines verstellten Menschen ist verfänglich und erregt Mißtrauen.

220. Wer sich nicht mit der Löwenhaut bekleiden kann, nehme den Fuchspelz.

Der Zeit nachgeben, heißt sie überflügeln. Wer sein Vorhaben durchsetzt, wird nie sein Ansehen verlieren. Wo es mit der Gewalt nicht geht, mit der Geschicklichkeit. Auf Einem Wege oder dem andern, entweder auf der Heerstraße der Tapferkeit, oder auf dem Nebenwege der Schlauheit. Mehr Dinge hat Geschick durchgesetzt, als Gewalt, und öfter haben die Klugen die Tapfern besiegt, als umgekehrt. Wenn man eine Sache nicht erlangen kann, ist es an der Zeit sie zu verachten.

221. Nicht leicht Anlaß nehmen, sich oder Andre in Verwickelungen zu bringen.

Es giebt Leute, die beständig gegen die Wohlanständigkeit anstoßen, indem sie in sich oder in Andern den Anstand verletzen. Man kommt leicht mit ihnen zusammen und mit Unannehmlichkeit wieder auseinander. Hundert Verdrießlichkeiten des Tags sind ihnen wenig. Ihre Laune hat das Haar wider den Strich, daher sie Allen und Jedem widersprechen: sie haben sich den Verstand verkehrt angezogen, weshalb sie Alles verdammen. Jedoch sind die größten Versucher fremder Klugheit die, welche nichts gut machen und von Allem schlecht sprechen. Es giebt gar viele Ungeheuer im weiten Reiche der Unziemlichkeit.

222. Zurückhaltung ist ein sicherer Beweis von Klugheit.

Ein wildes Thier ist die Zunge: hat sie sich ein Mal losgerissen; so hält es schwer sie wieder anzuketten: sie ist der Puls der Seele, an welchem die Weisen die Beschaffenheit derselben erkennen: an diesem Puls fühlt der Aufmerksame jede Bewegung des Herzens. Das Schlimmste ist, daß wer sich am meisten mäßigen sollte, es am wenigsten thut. Der Weise erspart sich Verdrießlichkeiten und Verwickelungen und zeigt seine Herrschaft über sich. Er geht seinen Weg behutsam, ein Janus an billigem Urtheil, ein Argus an Scharfblick. Momus hätte wahrlich noch eher die Augen in der Hand, als das Fensterchen auf der Brust vermissen sollen.

223. Weder aus Affektation, noch aus Unachtsamkeit, etwas ganz Besonderes an sich haben.

Manche haben auffallende Sonderbarkeiten an sich, mit verrückten Gebehrden. Dergleichen sind mehr Fehler als Auszeichnungen. Und wie nun Einige wegen einer besonderen Häßlichkeit des Gesichts bekannt sind, so Jene durch irgend etwas Anstößiges im äußerlichen Betragen. Dergleichen Sonderbarkeiten dienen bloß als Abzeichen, durch eine unschickliche Eigenheit, und erregen theils Gelächter, theils Widerwillen.

224. Die Dinge nie wider den Strich nehmen, wie sie auch kommen mögen.

Alle haben eine rechte und eine Kehrseite und selbst das Beste und Günstigste verursacht Schmerz, wenn man es bei der Schneide ergreift, hingegen wird das Feindseligste zur schlitzenden Waffe, wenn beim Griff angefaßt. Ueber viele Dinge hat man sich schon betrübt, über welche man sich würde gefreut haben, hätte man ihre Vortheile betrachtet. In Allem liegt Günstiges und Ungünstiges; die Geschicklichkeit besteht im Herausfinden des Vorteilhaften. Dieselbe Sache nimmt sich, in verschiedenem Lichte gesehen, gar verschieden aus: man betrachte sie also im günstigen Lichte, und verwechsele nicht das Gute mit dem Schlimmen. Hieraus entsteht es, daß Manche aus Allem Zufriedenheit, Andre aus Allem Betrübniß schöpfen. Diese Betrachtung ist eine große Schutzwehr gegen die Widerwärtigkeiten des Geschicks und eine wichtige Lebensregel für alle Zeiten und alle Stände.

225.   Seinen Hauptfehler kennen.

Keiner lebt, der nicht das Gegengewicht seines glänzendesten Vorzugs in sich trüge: wird nun dasselbe noch von der Neigung begünstigt; so erlangt es eine tyrannische Gewalt. Man eröffne den Krieg dawider durch Aufrufen der Sorgfalt dagegen, und der erste Schritt sei, seinen Hauptfehler sich offenbar zu machen: denn ein Mal erkannt, wird er bald besiegt seyn, vorzüglich wenn der damit Behaftete ihn ebenso deutlich auffaßt, wie die Beobachter. Um Herr über sich zu seyn, muß man sich gründlich kennen. Hat man erst jenen Anführer seiner Unvollkommenheiten zur Unterwerfung gebracht, werden alle übrigen nachfolgen.

226.   Stets aufmerksam seyn, Verbindlichkeiten zu erzeigen.

Die Meisten reden nicht gewissenhaft, sondern je nachdem sie Verbindlichkeiten erhalten haben. Das Schlechte glaublich zu machen, ist Jeder vollkommen hinreichend, weil alles Schlechte leicht Glauben findet, sollte es zu Zeiten auch unglaublich seyn. Das Meiste und Beste was wir haben hängt von der Meinung Andrer ab. Einige lassen sich daran genügen, daß sie das Recht auf ihrer Seite haben: das ist aber nicht hinreichend; man muß ihm durch Bemühungen nachhelfen. Jemanden zu verbinden, kostet oft wenig und hilft viel. Mit Worten erkauft man Thaten. In diesem großen Hause der Welt ist kein so unwürdiges Geräth, daß man es nicht wenigstens ein Mal im Jahre nöthig haben sollte, und dann wird man, so wenig es auch werth seyn mag, es sehr vermissen. Jeder redet von einem Gegenstand, gemäß seiner Neigung.

227.   Nicht dem ersten Eindruck angehören.

Einige vermählen sich gleichsam mit dem ersten Bericht, der ihnen zu Ohren kommt, so daß alle folgenden nur noch Konkubinen werden können. Da nun aber die Lüge allezeit vorauseilt; so findet nachher die Wahrheit keinen Raum. Weder darf unsern Willen der erste Gegenstand, noch unsern Verstand der erste Bericht einnehmen: denn das ist Geisteskleinheit. Manche sind wie neue Gefäße, welche von der ersten Flüssigkeit, sie sei gut oder schlecht, den Geruch behalten. Wird diese Kleinheit des Geistes nun gar bekannt; so ist sie verderblich: denn jetzt wird sie ein Spielraum boshafter Absichtlichkeit: Schlechtgesinnte beeilen sich den

Leichtgläubigen mit ihrer Farbe zu erfüllen. Immer soll Raum bleiben für die zweite Untersuchung. Alexander bewahrte stets ein Ohr für die andere Partei auf. Es bleibe Raum für den zweiten und auch für den dritten Bericht. Das leichte Annehmen des Eindrucks zeugt von geringer Fähigkeit und ist nicht fern von der Leidenschaftlichkeit.

228. Kein Lästermaul seyn:

noch weniger dafür gelten: denn das heißt, den Ruf eines Rufverderbers haben. Man sei nicht witzig auf fremde Kosten, welches weniger schwer, als verhaßt ist. Alle rächen sich an einem solchen dadurch, daß auch sie schlecht von ihm reden: da nun aber ihrer Viele sind und er allein; so wird er eher überwunden, als sie überführt seyn. Das Schlechte soll nie unsre Freude und daher nicht unser Thema seyn. Der Verläumder bleibt ewig verhaßt: und sollte auch dann und wann ein Großer mit ihm reden; so wird es mehr geschehen, weil ihm sein Spott Spaaß macht, als weil er seine Klugheit schätzte. Auch wird, wer Schlechtes spricht, stets noch Schlechteres hören müssen.

229. Sein Leben verständig einzutheilen verstehn;

nicht wie es die Gelegenheit bringt, sondern mit Vorhersicht und Auswahl. Ohne Erholungen ist es mühselig, wie eine lange Reise ohne Gasthöfe: mannigfaltige Kenntnisse machen es genußreich. Die erste Tagereise des schönen Lebens verwende man zur Unterhaltung mit den Todten: wir leben, um zu erkennen und um uns selbst zu erkennen; also machen wahrhafte Bücher uns zu Menschen. Die zweite Tagereise bringe man mit den Lebenden zu, indem man alles Gute auf der Welt sieht und anmerkt: in Einem Lande ist nicht Alles zu finden: der Vater der Welt hat seine Gaben vertheilt, und bisweilen grade die Häßliche am reichsten ausgestattet. Die dritte Tagereise hindurch gehöre man ganz sich selber an: das letzte Glück ist zu philosophiren.

230. Die Augen bei Zeiten öffnen.

Nicht Alle, welche sehn, haben die Augen offen; und nicht Alle, welche um sich blicken, sehn. Zu spät hinter die Sachen kommen, dient nicht zur Abhülfe, wohl aber zur Betrübniß. Einige fangen erst an zu sehn, wann nichts mehr zu sehn da ist, indem sie Haus und Hof zu Grunde richteten, ehe sie selbst zu Menschen wurden. Es ist schwer, dem Verstand beizubringen, der keinen Willen hat, und noch schwerer dem Willen, der keinen Verstand. Die sie umgeben, spielen mit ihnen, wie mit Blinden, zum Gelächter der Uebrigen: und weil sie taub zum Hören sind, öffnen sie auch nicht die Augen zum Sehn. Auch fehlt es nicht an solchen, welche jenen Sinnenschlummer unterhalten, weil ihre Existenz darauf beruht, daß jene nicht seien. Unglückliches Pferd, dessen Herr keine Augen hat! es wird schwerlich fett werden.

231. Nie seine Sachen sehen lassen, wann sie erst halb fertig sind:

in ihrer Vollendung wollen sie genossen seyn. Alle Anfänge sind ungestalt und nachmals bleibt diese Mißgestalt in der Einbildungskraft zurück. Die Erinnerung, etwas im Zustande der Unvollkommenheit gesehn zu haben, verdirbt dessen Genuß, wann es vollendet ist. Einen großen Gegenstand mit Einem Male zu genießen, verwirrt zwar das Urtheil über die einzelnen Theile, ist aber doch allein dem Geschmack angemessen. Ehe eine Sache Alles ist, ist sie nichts: und indem sie zu seyn anfängt, steckt sie noch tief in jenem ihren Nichts. Die köstlichste Speise zubereiten zu sehn, erregt mehr Ekel als Appetit. Deshalb verhüte jeder große Meister, daß man seine Werke im Embryonenzustande sehe: von der Natur selbst nehme er die Lehre an, sie nicht eher ans Licht zu bringen, als bis sie sich sehen lassen können.

232. Einen ganz kleinen kaufmännischen Anstrich haben.

Nicht Alles sei Beschaulichkeit, auch Handlung muß dabei seyn. Sehr weise Leute sind meistens leicht zu betrügen: denn obgleich sie das Außerordentliche wissen; so sind sie mit dem Alltäglichen des Lebens unbekannt, welches doch notwendiger ist. Die Betrachtung erhabener Dinge läßt ihnen für die des täglichen Treibens keine Zeit. Da sie nun das Erste was sie wissen sollten und was Allen auf ein Haar bekannt ist, nicht wissen; so werden sie entweder bewundert, oder von der oberflächlichen Menge für unwissend gehalten. Daher trage der kluge Mann Sorge, etwas vom Kaufmann an sich zu haben, grade so viel als hinreicht, um nicht betrogen und sogar ausgelacht zu werden. Er sei ein Mann auch für's tägliche Thun und Treiben, welches zwar nicht das Höchste, aber doch das Notwendigste im Leben ist. Wozu dient das Wissen, wenn es nicht praktisch ist? und zu leben verstehn, ist heut zu Tage das wahre Wissen.

233.   Den fremden Geschmack nicht verfehlen

sonst macht man ihm, statt eines Vergnügens, einen Verdruß.
Einige erregen, indem sie eine Verbindlichkeit erzeigen
wollen, Mißfallen, weil sie die verschiedenen Sinnesarten
nicht begreifen. Manches ist dem Einen eine Schmeichelei,
dem Andern eine Kränkung; und Manches was eine Artigkeit
seyn sollte, war eine Beleidigung. Oft hat es mehr gekostet,
Jemandem Mißvergnügen zu bereiten, als es gekostet haben
würde, ihm Vergnügen zu machen: man verliert alsdann den
Dank und das Geschenk, weil man den Leitstern zum fremden
Wohlgefallen verloren hatte. Wer den Sinn des Andern nicht
kennt, wird ihn schwerlich befriedigen. Daher auch kam es,
daß Mancher ein Lob zu äußern vermeinte und einen Tadel
aussprach, zu seiner wohlverdienten Strafe. Andre wieder
glauben durch ihre Beredsamkeit zu unterhalten, und martern
den Geist durch ihre Geschwätzigkeit.

234.   Nie die Ehre Jemandem in die Hände geben, ohne die seinige
zum Unterpfand zu haben.

Man muß so gehn, daß der beiderseitige Vortheil im
Schweigen, der Schaden in der Mittheilung liege. Wo die Ehre
im Spiel ist, muß stets der Handel ganz gemeinschaftlich seyn,
so daß Jeder von Beiden für die Ehre des Andern, seiner
eigenen Ehre wegen, Sorge tragen muß. Nie soll man die Ehre
dem Andern anvertrauen: geschieht es dennoch ein Mal; so
sei es so künstlich angelegt, daß hier wirklich die Klugheit der
Vorsicht weichen konnte. Die Gefahr sei gemeinsam und der
Fall gegenseitig, damit nicht etwa der zu einem Zeugen
werde, der sich bewußt ist Theilhaber zu seyn.

235.   Zu bitten verstehn.

Bei Einigen ist nichts schwerer, bei Andern nichts leichter.
Denn es giebt Leute, die nichts abzuschlagen im Stande sind:
bei solchen ist kein Dietrich vonnöthen. Allein es giebt Andre,
deren erstes Wort, zu allen Stunden, Nein ist: bei diesen bedarf es der Geschicklichkeit, bei Allen aber der gelegenen
Zeit. Man überrasche sie bei fröhlicher Laune, wann die
vorhergegangene Mahlzeit des Leibes oder des Geistes sie
aufgeheitert hat; nur daß nicht etwa schon ihre kluge
Vorhersicht der Schlauheit des Versuchenden zuvorge-
kommen sei. Die Tage der Freude sind die der Gunst, da jene
aus dem Innern ins Aeußere überströmt. Man trete nicht

heran, wann man eben einen Andern abgewiesen sah: denn nun ist die Scheu vor dem Nein schon abgeworfen. Nach traurigen Ereignissen ist keine gute Gelegenheit. Den Andern zum voraus verbinden, ist ein Austausch, wo man es nicht mit gemeinen Seelen zu thun hat.

236. Eine vorhergängige Verpflichtung aus dem machen, was nachher Lohn gewesen wäre.

Dies ist eine Geschicklichkeit sehr kluger Köpfe: die Gunst, vor dem Verdienst erzeigt, beweist einen Mann, der Gefühl für Verpflichtungen hat. Die so zum voraus erwiesene Gunst hat zwei große Vorzüge: die Schnelligkeit des Gebers verpflichtet den Empfänger um so stärker: und dieselbe Gabe, welche nachmals Schuldigkeit wäre, wird, zum voraus ertheilt, zur Verbindlichkeit des Andern. Dies ist eine sehr feine Weise, die Verpflichtungen zu vertauschen, indem die des Erstern zum Belohnen, jetzt sich in die des Verbundenen zum Leisten verwandelt. Jedoch ist dies nur zu verstehn von Leuten, welche Gefühl für Verpflichtungen haben: denn für niedrige Gemüther würde der zum voraus ertheilte Ehrensold mehr ein Zaum, als ein Sporn seyn.

237. Nie um die Geheimnisse der Höheren wissen.

Man glaubt Kirschen mit ihnen zu essen, wird aber nur die Steine erhalten. Vielen gereichte es zum Verderben, daß sie Vertraute waren: sie gleichen einem Löffel aus Brod und laufen nachher dieselbe Gefahr wie dieser. Die Mittheilung eines Geheimnisses von Seiten des Fürsten ist keine Gunst, sondern ein Drang seines Herzens. Schon Viele zerbrachen den Spiegel, weil er sie an ihre Häßlichkeit erinnerte. Wir mögen den nicht sehn, der uns hat sehn können; und der ist nicht gern gesehn, der etwas Schlechtes von uns sah. Keiner darf uns gar zu sehr verpflichtet seyn, am wenigsten ein Mächtiger, und dann noch eher durch etwas Gutes, das wir ihm erzeigt, als durch Begünstigungen dieser Art. Besonders gefährlich sind freundschaftlich anvertraute Heimlichkeiten. Wer dem Andern sein Geheimniß mittheilt, macht sich zu dessen Sklaven: einem Fürsten ist dies ein gewaltsamer Zustand, der nicht dauern kann: er wird seine verlorene Freiheit wiedererlangen wollen, und um das zu erreichen, wird er Alles mit Füßen treten, selbst Recht und Vernunft. Also Geheimnisse soll man weder hören, noch sagen.

238. Wissen welche Eigenschaft uns fehlt.

Viele wären ganze Leute, wenn ihnen nicht etwas abgienge, ohne welches sie nie zum Gipfel der Vollkommenheit gelangen können. An Einigen ist es bemerkbar, daß sie sehr viel seyn könnten, wenn sie sich in einer Kleinigkeit besserten: so etwa fehlt es ihnen an Ernst, was große Fähigkeiten verdunkeln kann: Andern geht die Freundlichkeit des Wesens ab; eine Eigenschaft, welche ihre nächste Umgebung bald vermissen wird, zumal wenn sie Leute im Amt sind. Andern wieder fehlt es an Thatkraft, noch Andern an Mäßigung. Allen diesen Uebelständen würde leicht abzuhelfen seyn, wenn man sie nur selbst bemerkte: denn Sorgfalt kann aus der Gewohnheit eine zweite Natur machen.

239. Nicht spitzfindig sehn;

sondern klug, woran mehr gelegen. Wer mehr weiß als erfordert ist, gleicht einer zu feinen Spitze, dergleichen gewöhnlich abbricht. Ausgemachte Wahrheit giebt mehr Sicherheit. Es ist gut, Verstand zu haben, aber nicht ein Schwätzer zu seyn. Weitläufige Erörterungen sind schon dem Streite verwandt. Besser ist ein guter solider Kopf, der nicht mehr denkt als die Sache mit sich bringt.

240. Von der Dummheit Gebrauch zu machen verstehn.

Der größte Weise spielt bisweilen diese Karte aus, und es giebt Gelegenheiten, wo das beste Wissen darin besteht, daß man nicht zu wissen scheine. Man soll nicht unwissend seyn, wohl aber es zu seyn affektiren. Bei den Dummen weise und bei den Narren gescheut seyn, wird wenig helfen. Man rede also zu Jedem seine Sprache. Nicht der ist dumm, der Dummheit affektirt; sondern der, welcher an ihr leidet: die aufrichtige, nicht die falsche Dummheit ist die wirkliche; da die Geschicklichkeit es schon so weit getrieben hat. Das einzige Mittel, beliebt zu seyn, ist, daß man sich mit der Haut des einfältigsten der Thiere bekleide.

241. Neckereien dulden, jedoch nicht ausüben.

Jenes ist eine Art Höflichkeit; dieses kann in Verwickelungen bringen. Wer am Feiertage verdrießlich wird, hat viel Bestialisches und zeigt noch mehr. Die kühne Neckerei ist ergötzlich: sie ertragen zu können, beweist, daß man Kopf hat. Wer sich darüber gereitzt zeigt, giebt Anlaß, daß der Andre ebenfalls gereitzt werde. Das Beste ist also sich der Neckerei nicht anzunehmen, und das Sicherste, sie nicht einmal zu bemerken. Stets sind die ernstlichsten Händel aus Scherzen hervorgegangen. Es giebt daher nichts, was mehr Aufmerksamkeit und Geschicklichkeit erforderte: ehe man zu scherzen anfängt, sollte man schon wissen, bis zu welchem Punkte die Gemüthsart dessen, den es betrifft, es dulden wird.

242. Den günstigen Erfolg weiter führen.

Einige verwenden alle ihre Kraft auf den Anfang und vollenden nichts. Sie erfinden, aber führen nicht aus. Dies ist Wankelmuth des Geistes. Auch erlangen sie keinen Ruhm, weil sie nichts verfolgen, sondern Alles in's Stocken gerathen lassen. Allerdings entspringt dies bei Einigen aus Ungeduld, welche der Makel der Spanier ist, wie hingegen Geduld der Vorzug der Belgier. Diese werden mit den Dingen fertig; mit Jenen die Dinge. Bis die Schwierigkeit überwunden ist, verwenden sie allen Schweiß darauf, sind aber dann mit ihrem Siege zufrieden und verstehn nicht ihn zu Ende zu führen: sie beweisen, daß sie es könnten, aber nicht wollen: dies liegt denn aber doch am Unvermögen, oder am Leichtsinn. Ist das Unternehmen gut, warum wird es nicht vollendet? ist es schlecht, warum ward es angefangen? Der Kluge erlege sein Wild, und begnüge sich nicht es aufgejagt zu haben.

243. Nicht gänzlich eine Taubennatur haben;

sondern schlau wie die Schlange und ohne Falsch wie die Taube seyn. Nichts ist leichter, als einen redlichen Mann zu hintergehn. Viel glaubt, wer nie lügt, und viel traut, wer nie täuscht. Es entspringt nicht allemal aus Dummheit, daß man betrogen wird; sondern bisweilen aus Güte. Zwei Arten von Leuten wissen sich gut vor Schaden zu hüten: die Erfahrnen, gar sehr auf ihre Kosten; und die Verschmitzten, gar sehr auf fremde. Die Klugheit gehe eben so weit im Argwohn, als die Verschmitztheit im Fallestellen, und Keiner wolle in dem Maaße redlich seyn, daß er den Andern Gelegenheit gebe, unredlich zu seyn. Man vereinige in sich die Taube und die Schlange, nicht als ein Ungeheuer, sondern vielmehr als ein Wunder.

244. Zu verpflichten verstehn.

Manche verwandeln ihre eigene Verpflichtung in die des
Andern, und wissen der Sache den Schein, oder doch zu
verstehn zu geben, daß sie eine Gunst erzeigen, während sie
eine empfangen. Aus ihrem eigenen Vortheil machen sie eine
Ehre für den Andern, und lenken die Sachen so geschickt, daß
es aussieht als leisteten sie dem Andern einen Dienst, indem
sie sich von ihm beschenken lassen. Mit dieser sonderbaren
Schlauheit versetzen sie die Ordnung der Verbindlichkeiten,
oder machen es wenigstens zweifelhaft, wer dem Andern eine
Gunst erzeigt. Das Schönste und Beste kaufen sie für bloße
Lobeserhebungen, und aus dem Wohlgefallen, welches sie an
einer Sache äußern, machen sie eine schmeichelhafte Ehre. So
legen sie der Höflichkeit Verpflicht-ungen auf und machen
eine Schuldigkeit aus dem, wofür sie sehr dankbar seyn
sollten. Dergestalt verwandeln sie das Passive der Verbindlichkeit in das Aktive, worin sie bessere Politiker als
Grammatiker sind. Das ist eine große Feinheit; allein eine
größere wäre, das Ding zu verstehn und solchen Narrenhandel
wieder rück-gängig zu machen, indem man ihnen ihre erzeigte
Ehre wieder zustellt und dafür seinerseits auch wieder zu dem
Seinigen gelangte.

245. Originelle und vom Gewöhnlichen abweichende Gedanken
äußern,

ist ein Zeichen eines überlegenen Geistes. Wir dürfen den
nicht schätzen, der uns nie widerspricht: denn dadurch zeigt
er keine Liebe zu uns, vielmehr zu sich. Man lasse sich nicht
durch Schmeichelei täuschen und zahle für dieselbe; sondern
man verwerfe sie. Auch rechne man es sich zur Ehre von
Einigen getadelt zu werden, zumal von solchen, die von allen
Trefflichen schlecht reden. Hingegen soll es uns betrüben,
wenn unsere Sachen Allen gefallen; weil es ein Zeichen ist,
daß sie nicht taugen: denn das Vortreffliche ist für Wenige.

246. Nie dem Rechenschaft geben, der sie nicht gefordert hat,

und selbst wenn sie gefordert wird, ist es eine Art Vergehn,
darin mehr als nöthig zu thun. Sich ehe Anlaß da ist entschuldigen, heißt sich anklagen; und sich bei voller
Gesundheit zu Ader lassen, heißt dem Uebel, oder der Bosheit, zuwinken. Die von selbst gemachte Entschuldigung
weckt das schlafende Mißtrauen. Auch soll der Kluge einen

fremden Verdacht nicht zu merken scheinen: denn das hieße die Beleidigung aufsuchen; sondern er soll denselben alsdann durch die Rechtlichkeit seines Thuns widerlegen.

247. Etwas mehr wissen und etwas weniger leben.

Andere sagen es umgekehrt. Gute Muße ist besser als Geschäfte. Nichts gehört unser, als nur die Zeit, in welcher selbst der lebt, der keine Wohnung hat. Es ist gleich unglücklich, das kostbare Leben mit mechanischen Arbeiten, oder mit einem Uebermaaß erhabener Beschäftigungen hinzubringen. Man überhäufe sich nicht mit Geschäften und mit Neid; sonst stürzt man sein Leben hinunter und erstickt den Geist. Einige wollen dies auch auf das Wissen ausdehnen: aber wer nichts weiß, der lebt auch nicht.

248. Der Letzte behalte bei uns nicht allemal Recht.

Es giebt Leute des letzten Berichts, deren Ungebührlichkeit aufs Aeußerste geht. Ihr Denken und Wollen ist von Wachs: der Letzte drückt sein Siegel auf und verwischt die früheren. Diese sind nie gewonnen, weil man sie eben so leicht wieder verliert. Jeder färbt sie mit seiner Farbe. Zu Vertrauten taugen sie nicht, und ihr ganzes Leben bleiben sie Kinder. Zwischen diesem Wechsel des Meinens und Wollens hin und her geworfen, hinken sie stets am Willen und am Verstande, und wanken von der einen zur andern Seite.

249. Nicht sein Leben mit dem anfangen, womit man es zu beschließen hätte.

Manche nehmen die Erholung am Anfang, und lassen die Mühe für das Ende zurück: allein erst komme das Wesentliche, nachher, wenn Raum ist, die Nebendinge. Andre wollen triumphiren, ehe sie gekämpft haben. Wieder Andre fangen damit an, das zu lernen, woran wenig gelegen ist, und schieben die Studien, von welchen sie Ehre und Nutzen hoffen, für das Ende ihres Lebens auf. Jener hat noch nicht einmal angefangen sein Glück zu machen, und schon schwindelt ihm vor Dünkel der Kopf. Methode ist unerläßlich zum wissen und zum leben.

250. Wann hat man die Gedanken auf den Kopf zu stellen?

Wann verschmitzte Tücke redet. Bei Einigen muß Alles umgekehrt verstanden werden: ihr Ja ist Nein, und ihr Nein Ja. Reden sie von einer Sache nachtheilig; so bedeutet dieses, daß sie solche hochschätzen: denn wer sie für sich haben will, setzt sie bei Andern herab. Nicht Jeder der lobt, redet gut von der Sache: denn Manche werden, um die Guten nicht zu loben, auch die Schlechten loben: für wen aber Keiner schlecht ist, für den ist auch Keiner gut.

251. Man wende die menschlichen Mittel an, als ob es keine Göttliche, und die göttlichen, als ob es keine menschliche gäbe.

Große Meisterregel, die keines Kommentars bedarf.

252. Weder ganz sich, noch ganz den Andern angehören:

denn Beides ist eine niederträchtige Tyrannei. Daraus, daß Einer sich ganz für sich allein besitzen will, folgt alsbald, daß er auch alle Dinge für sich haben will. Solche Leute wollen nicht in der geringsten Sache nachgeben, noch das Mindeste von ihrer Bequemlichkeit opfern. Sie sind nicht verbindlich, sondern verlassen sich auf ihre Glücksumstände, welche Stütze jedoch unter ihnen zu brechen pflegt. Man muß bisweilen auch den Andern angehören, damit sie wieder uns angehören. Wer aber ein öffentliches Amt hat, muß der öffentliche Sklave seyn; oder lege die Würde mit der Bürde nieder, würde die Alte des Hadrian sagen. welche bekanntlich dem Kaiser, als er sie mit »ich habe keine Zeit« abwies, zurief: »so sei kein Kaiser!« Im Gegentheil giebt es auch Leute, welche ganz den Andern angehören: denn die Thorheit geht stets ins Uebertriebene, hier aber ans eine unglückliche Art. Diese haben keinen Tag und keine Stunde für sich, sondern gehören in solchem Uebermaaß den Andern an, daß Einer schon der Diener Aller genannt wurde. Dies erstreckt sich sogar auf den Verstand, indem sie für Alle wissen und bloß für sich unwissend sind. Der Aufmerksame begreife, daß Keiner ihn sucht; sondern Jeder seinen Vortheil in ihm, oder durch ihn.

253. Keinen allzu deutlichen Vortrag haben.

Die Meisten schätzen nicht was sie verstehn; aber was sie nicht fassen können, verehren sie. Um geschätzt zu werden, müssen die Sachen Mühe kosten: daher wird gerühmt, wer nicht verstanden wird. Stets muß man weiser und klüger scheinen, als grade der, mit dem man zu thun hat, es nöthig macht; um ihm eine hohe Meinung einzuflößen: jedoch nicht übertrieben, sondern verhältnißmäßig. Und obgleich bei Leuten von Einsicht Sinn und Verstand allemal viel gilt; so ist doch bei den meisten Leuten einiger Aufputz vonnöthen. Zum Tadeln müssen sie gar nicht kommen können, indem sie schon am Verstehn genug zu thun haben. Viele loben Etwas, und fragt man sie, so haben sie keinen Grund anzuführen. Woher dies? Alles Tiefverborgene verehren sie als ein Mysterium, und rühmen es, weil sie es rühmen hören.

254. **Ein Uebel nicht geringachten, weil es klein ist**

denn nie kommt eines allein: sie sind verkettet, wie auch die Glücksfälle. Glück und Unglück gehn gewöhnlich dahin, wo schon das meiste ist. Dazu kommt, daß Alle den Unglücklichen fliehen und sich dem Glücklichen anschließen: sogar die Tauben, bei aller ihrer Arglosigkeit, laufen nach dem weißesten Geräth. Einen Unglücklichen läßt Alles im Stich, er sich selbst, die Gedanken, der Leitstern. Man wecke nicht das Unglück, wann es schläft. Ein Ausgleiten ist wenig: jedoch kann dieses unglückliche Fallen sich noch fortsetzen und da weiß man nicht, wohin es endlich führen wird. Denn wie kein Gut in jeder Hinsicht vollständig ist; so ist auch kein Uebel je gänzlich vollendet. Für die, so vom Himmel kommen, ist uns die Geduld; für die, so von der Erde, die Klugheit verliehen.

255. **Gutes zu erzeigen verstehn**
wenig auf ein Mal, hingegen oft. Nie muß man dem Andern so große Verbindlichkeiten auflegen, daß es unmöglich wäre, ihnen nachzukommen. Wer sehr Vieles giebt, giebt nicht, sondern verkauft. Auch soll man nicht die vollständigste Erkenntlichkeit verlangen: denn wenn der Andre sieht, daß sie seine Kräfte übersteigt, wird er den Umgang abbrechen. Bei Vielen ist, um sie zu verlieren, nichts weiter nöthig, als sie übermäßig zu verpflichten: um ihre Schuld nicht abzutragen, ziehn sie sich zurück, und werden aus Verpflichteten Feinde. Der Götze möchte nie den Bildhauer, der ihn gemacht hat, vor sich sehn; und eben so ungern hat der Verpflichtete seinen Wohlthäter vor Augen. Eine große Feinheit beim Geben besteht darin, daß es wenig koste und doch sehr ersehnt sei, wodurch es hoch angeschlagen wird.

256. **Allezeit auf seiner Hut sehn gegen Unhöfliche, Eigensinnige, Anmaaßliche und Narren jeder Art**

Man stößt auf viele, und die Klugheit besteht darin, nicht mit ihnen aneinander zu gerathen. Vor dem Spiegel seiner Ueberlegung waffne man sich jeden Tag mit Vorsätzen in dieser Hinsicht: so wird man die Gefahren, welche die Narrheit uns in den Weg legt, überwinden. Man denke reiflich darüber nach, und dann wird man sein Ansehn nicht gemeinen Zufälligkeiten bloßstellen. Ein mit Klugheit ausgerüsteter Mann wird von den Ungebührlichen nicht angefochten werden. Unser Weg im Umgang mit Menschen ist deshalb schwierig, weil er voll Klippen ist, an denen unser Ansehn scheitern kann. Das Sicherste ist sich entfernt zu halten, die Schlauheit des Odysseus zum Vorbild nehmend. Von großem Nutzen ist in Dingen dieser Art das erkünstelte Versehn: von der Höflichkeit unterstützt hilft es uns über Alles hinweg, wie es denn ein einziger Nichtweg aus allen Verwickelungen ist.

257. **Es nie zum Bruche kommen lassen**

denn bei einem solchen kommt unser Ausehn allemal zu Schaden. Jeder ist als Feind von Bedeutung, wenn gleich nicht als Freund. Gutes können Wenige uns erweisen, Schlimmes fast Alle. Im Busen des Jupiters selbst nistet sein Adler nicht sicher, von dem Tage an, wo er mit einem Käfer gebrochen hat. Mit der Klaue des erklärten Feindes schüren die heimlichen das Feuer an, indem sie nur auf die Gelegenheit gelauert hatten. Aus verdorbenen Freunden werden die schlimmsten Feinde. Mit den fremden Fehlern wollen sie, in den Augen der Zuschauer, ihre eigenen überdecken. Jeder redet, wie es ihm scheint, und es scheint ihm, wie er es wünscht. Alle sprechen uns schuldig, entweder weil es uns am Anfang an Vorhersicht, oder am Ende an Geduld, immer aber weil es uns an Klugheit gefehlt habe. – Ist jedoch eine Entfernung nicht zu vermeiden; so sei sie zu entschuldigen, und sei eher eine Lauheit der Freundschaft als ein Ausbruch der Wuth: hier findet nun der bekannte Satz von einem schönen Rückzuge treffende Anwendung.

258. **Man suche sich Jemanden, der das Unglück tragen hilft**

So wird man nie, zumal nicht bei Gefahren, allein seyn, und nicht den ganzen Haß auf sich laden. Einige vermeinen, die ganze Ehre der obern Leitung allein davon zu tragen, und tragen nachher die ganze öffentliche Unzufriedenheit davon. Auf die andre Art hingegen hat man Jemanden, von dem man entschuldigt wird, oder der das Schlimme tragen hilft. Weder das Geschick noch der große Haufe wagen sich so leicht an zwei; deshalb auch der schlaue Arzt, wenn er die Kur verfehlt hat, doch nicht verfehlt sich einen andern zu suchen, der, unter dem Namen einer Konsultation, ihm hilft, den Sarg hinauszuschaffen. Man theile mit einem Gefährten Bürden und Betrübnisse: denn dem, der allein steht, fällt das Unglück doppelt unerträglich.

259. **Den Beleidigungen zuvorkommen und sie in Artigkeiten verwandeln**

es ist schlauer sie zu vermeiden, als sie zu rächen. Eine ungemeine Geschicklichkeit ist es, einen Vertrauten aus dem zu machen, der ein Nebenbuler werden sollte, oder Schutzwehren seiner Ehre aus denen, welche Angriffe auf dieselbe drohten. Viel thut hiezu, daß man Verbindlichkeiten zu erzeigen wisse: denn schon die Zeit zu Beleidigungen nimmt der weg, welcher veranlaßt, daß Danksagungen sie ausfüllen. Das heißt zu leben wissen, wenn man das, was Verdruß werden sollte, zu Annehmlichkeiten umschafft. Aus dem Mißwollen selbst mache man einen vertraulichen Umgang.

260. **Keinem werden wir, und Keiner uns, ganz angehören**

dazu ist weder Verwandtschaft, noch Freundschaft, noch die dringendste Verbindlichkeit hinreichend. Denn sein ganzes Zutrauen, oder seine Neigung schenken, sind zwei weit verschiedene Dinge. Auch die engste Verbindung läßt immer noch Ausnahmen zu, ohne daß deshalb die Gesetze der Freundschaft verletzt wären. Immer behält sich der Freund irgend ein Geheimniß vor, und in irgend etwas verbirgt sogar der Sohn sich vor dem Vater. Gewisse Dinge verhehlt man dem Einen und theilt sie dem Andern mit, und wieder umgekehrt: wodurch man dahin gelangt, daß man Alles mittheilt und Alles zurückbehält, nur stets mit Unterschied der entsprechenden Personen.

261. **Nicht seine Thorheit fortsetzen.**

Manche machen aus einem mißlungenen Unternehmen eine Verpflichtung, und weil sie einen Irrweg eingeschlagen haben, meynen sie, es sei Karakterstärke darauf weiter zu gehn. Innerlich klagen sie ihren Irrthum an, aber äußerlich entschuldigen sie ihn. Dadurch geschieht es, daß wenn sie beim Beginn der Thorheit als unüberlegt getadelt wurden, sie beim Verfolgen derselben als Narren bestätigt werden. Weder das unüberlegte Versprechen, noch der irrige Entschluß legen Verbindlichkeit auf. Allein auf jene Weise setzen Einige ihre erste Tölpelei fort und wollen beharrliche Queerköpfe seyn.

262. **Vergessen können:**

es ist mehr ein Glück, als eine Kunst. Der Dinge, welche am meisten für's Vergessen geeignet sind, erinnern wir uns am besten. Das Gedächtniß ist nicht allein widerspänstig, indem es uns verläßt, wann wir es am meisten brauchen, sondern auch thöricht, indem es herangelaufen kommt, wann es sich gar nicht paßt. In Allem, was uns Pein verursacht, ist es ausführlich, aber in dem, was uns ergötzen könnte, nachlässig. Oft besteht das einzige Heilmittel unsrer Schmerzen im Vergessen; aber wir vergessen das Heilmittel. Man muß jedoch seinem Gedächtniß bequeme Gewohnheiten beibringen: denn es reicht hin, Seeligkeit oder Hölle zu schaffen. Auszunehmen sind hier die Zufriedenen, welche im Stande ihrer Unschuld ihre einfältige Glückseligkeit genießen.

263. **Manche Dinge muß man nicht eigentümlich besitzen.**

Man genießt solche besser als fremde, denn als eigene: ihr Gutes ist den ersten Tag für den Besitzer, alle folgenden für die Andern. Fremde Sachen genießt man doppelt, nämlich ohne die Sorge wegen der Beschädigung, und dann mit dem Reiz der Neuheit. Alles schmeckt besser nach dem Entbehren: sogar das fremde Wasser scheint Nektar. Der Besitz der Dinge vermindert nicht nur unsern Genuß, sondern er vermehrt auch unsern Verdruß, sowohl beim Ausleihen, als beim Nichtausleihen: man hat nichts davon, als daß man die Sachen für Andre unterhält, wobei man sich mehr Feinde macht, als Erkenntliche.

264. Keine Tage der Nachlässigkeit haben.

Das Schicksal gefällt sich darin, uns einen Possen zu spielen, und wird alle Zufälle zu Haufen bringen, um uns unversehens zu fangen. Stets zur Probe bereit muß der Kopf, die Klugheit und die Tapferkeit seyn, sogar auch die Schönheit: denn der Tag ihres sorglosen Vertrauens wird der Sturz ihres Ansehns seyn. Wann die Aufmerksamkeit am nötigsten ist, fehlt sie jedes Mal: denn das nicht Denken ist das Beinstellen zu unserm Verderben. Zudem pflegt es eine Kriegslist feindlicher Absichtlichkeit zu seyn, daß sie die Vollkommenheiten, wann sie unbesorgt sind, zur strengen Prüfung ihres Werthes zieht. Die Tage der Parade kennt man schon, daher läßt die List sie vorübergehn: aber den Tag, wo man es am wenigsten erwartete, wählt sie aus, um den Wert auf die Probe zu stellen.

265. Seine Untergebenen in die Notwendigkeit des Handelns zu versetzen verstehn.

Eine durch die Umstände herbeigeführte Notwendigkeit zu handeln hat Manche mit Einem Male zu ganzen Leuten gemacht, wie die Gefahr zu ertrinken Schwimmer. Auf diese Weise haben Viele ihre eigene Tapferkeit, ja sogar ihre Kenntniß und Einsicht entdeckt, welche, ohne solchen Anlaß, unter ihrem Kleinmuth begraben geblieben wäre. Die Gefahren sind die Gelegenheit sich einen Namen zu gründen, und sieht ein Edler seine Ehre auf dem Spiel, wird er für Tausend wirksam seyn. Obige Lebensregel verstand, wie auch alle übrigen, aus dem Grunde die Königin Isabella die Katholische, und einer klugen Begünstigung dieser Art von ihr verdankt der Große Feldherr seinen Ruf, und viele Andre ihren unsterblichen Ruhm. Durch diese Feinheit hat sie große Männer gemacht.

266. Nicht aus lauter Güte schlecht seyn:

der ist es, welcher sich nie erzürnt. Diese unempfindlichen Menschen verdienen kaum, für Leute [personas] zu gelten. Es entsteht nicht immer aus Trägheit, sondern oft aus Unfähigkeit. Eine Empfindlichkeit, bei gehörigem Anlaß, ist ein Akt der Persönlichkeit: die Vögel machen sich bald über den Strohmann lustig. Das Süße mit dem Sauern abwechseln lassen, beweist einen guten Geschmack. Das Süße ganz allein ist für Kinder und Narren. Es ist sehr übel, wenn man aus lauter Güte in solche Gefühllosigkeit versinkt.

267. **Seidene Worte und freundliche Sanftmuth.**

Pfeile durchbohren den Leib, aber böse Worte die Seele. Ein wohlriechender Teig verursacht einen angenehmen Athem. Es ist eine große Lebensklugheit, es zu verstehn, die Luft zu verkaufen. Das Meiste wird mit Worten bezahlt, und mittelst ihrer kann man Unmöglichkeiten durchsetzen. So treibt man in der Luft Handel mit der Luft; und der königliche Athem vermag Muth und Kraft einzustoßen. Allezeit habe man den Mund voll Zucker, um seine Worte damit zu versüßen, so daß sie selbst dem Feinde wohlschmecken. Um liebenswürdig zu seyn, ist das Hauptmittel friedfertig zu seyn.

268. **Der Kluge thue gleich Anfangs, was der Dumme erst am Ende.**

Der Eine und der Andre thut das selbe; nur in der Zeit liegt der Unterschied: jener thut es zur rechten, dieser zur unrechten. Wer sich einmal von Haus aus den Verstand verkehrt angezogen hat, fährt nun immer so fort!: was er auf den Kopf setzen sollte, trägt er an den Füßen, aus dem Linken macht er das Rechte und ist so ferner in allem seinen Thun linkisch. Nur Eine gute Art auf den rechten Weg zu kommen giebt es für ihn, wann er nämlich gezwungen thut, was er hätte freiwillig thun können. Der Kluge dagegen sieht gleich was früh oder spät geschehn muß: und da führt er es gernwillig und mit Ehren aus.

269. **Sich sein Neuseyn zu Nutze machen:**

denn so lange Jemand noch neu ist, ist er geschätzt. Das Neue gefällt, der Abwechselung wegen, allgemein, der Geschmack erfrischt sich daran, und eine funkelnagelneue Mittelmäßigkeit wird höher geschätzt, als ein schon gewohntes Vortreffliches. Das Ausgezeichnete nutzt sich ab und wird allmälig alt. Jedoch soll man wissen, daß jene Glorie der Neuheit von kurzer Dauer seyn wird: nach vier Tagen wird die Hochachtung sich schon verlieren. Deshalb verstehe man, sich diese Erstlinge der Wertschätzung zu Nutze zu machen und ergreife auf dieser schnellen Flucht des Beifalls alles, wonach man füglich trachten kann. Denn ist einmal die Hitze der Neuheit vorüber; so kühlt sich die Leidenschaft ab: dann muß die Begünstigung des Neuen gegen den Ueberdruß am Gewöhnlichen vertauscht werden, und man glaube nur, daß Alles eben so seine Zeit gehabt hat, welche vorüberging.

270. Was Vielen gefällt, nicht allein verwerfen.

Etwas Gutes muß daran seyn, da es so Vielen genügt, und läßt es sich auch nicht erklären, so wird es doch genossen. Die Absonderung ist stets verhaßt und, wenn irrthümlich, lächerlich. Man wird eher dem Ansehn seiner Auffassungsgabe, als dem des Gegenstandes schaden, und dann bleibt man mit seinem schlechten Geschmack allein. Kann man das Gute nicht herausfinden; so verhehle man seine Unfähigkeit und verdamme die Sache nicht schlechthin. Gewöhnlich entspringt der schlechte Geschmack aus Unwissenheit. Was Alle sagen, ist; oder will doch seyn.

271. In jedem Fache halte sich, wer wenig weiß, stets an das Sicherste

wird er dann auch nicht für sein, so wird er doch für gründlich gelten. Wer hingegen unterrichtet ist, kann sich einlassen und nach Gutdünken handeln. Allein, wenig wissen und sich doch in Gefahr setzen, heißt freiwillig sein Verderben suchen. Vielmehr halte man sich alsdann immer zur rechten Hand: denn das Ausgemachte kann nicht fehlen. Für geringe Kenntnisse ist die Heerstraße: und in allen Fällen, sei man kundig oder unkundig, ist die Sicherheit immer klüger als die Absonderung.

272. Die Sachen um den Höflichkeitspreis verkaufen:

dadurch verpflichtet man am meisten. Nie wird die Forderung des Interessirten der Gabe des edelmüthigen Verpflichteten gleich kommen. Die Höflichkeit schenkt nicht, sondern legt eine Verpflichtung auf, und die edle Sitte ist die größte Verpflichtung. Für den rechtlichen Mann ist keine Sache theurer, als die, welche man ihm schenkt: man verkauft sie ihm dadurch zwei Mal und für zwei Preise, den des Werthes und den der Höflichkeit. Inzwischen ist es wahr, daß für den Niedrigdenkenden die edle Sitte Kauderwelsch ist: denn er versteht die Sprache des guten Vernehmens nicht.

273. Die Gemüthsarten derer, mit denen man zu thun hat, begreifen:

um ihre Absichten zu ergründen. Denn ist die Ursache richtig erkannt; so ist es auch die Wirkung, erstlich aus jener, sodann aus dem Motiv. Der Melancholische sieht stets Unglücksfälle, der Boshafte Verbrechen voraus: denn immer stellt sich ihnen das Schlimmste dar, und da sie des gegenwärtigen Guten nicht inne werden; so verkünden sie das mögliche Uebel vorher. Der Leidenschaftliche redet stets eine fremde Sprache, die von dem, was die Dinge sind, abweicht: aus ihm spricht die Leidenschaft, nicht die Vernunft. So redet Jeder gemäß seinem Affekt, oder seiner Laune, und Alle gar fern von der Wahrheit. Man lerne ein Gesicht entziffern und aus den Zügen die Seele herausbuchstabiren. Man erkenne in dem, der immer lacht, einen Narren, in dem, der nie lacht, einen Falschen. Man hüte sich vor dem Frager, weil er leichtsinnig oder ein Späher ist. Wenig Gutes erwarte man von den Mißgestalteten: denn diese pflegen sich an der Natur zu rächen, und wie sie ihnen wenig Ehre erzeigte, so sie ihr keine. So groß als die Schönheit eines Menschen, pflegt seine Dummheit zu seyn.

274. Anziehungskraft besitzen:

sie ist ein Zauber kluger Höflichkeit. Man benutze diesen Magnet seiner angenehmen Eigenschaften mehr zur Erwerbung der Zuneigung, als wirklicher Vortheile, doch auch zu Allem. Verdienste reichen nicht aus, wenn sie nicht von der Gunst unterstützt werden, welche es eigentlich ist, die den Beifall verleiht. Das wirksamste Werkzeug der Herrschaft über Andre, das im Schwunge seyn, ist Sache des Glücks: doch läßt es sich durch Kunst befördern: denn wo ausgezeichnete natürliche Anlagen sind, faßt das Künstliche besser Wurzel. Durch jenes nun gewinnt man die Herzen und allmälig kommt man in den Besitz der allgemeinen Gunst.

275. Mitmachen, so weit es der Anstand erlaubt.

Man mache sich nicht immer wichtig und widerwärtig: dies gehört zur edlen Sitte. Etwas kann man sich von seiner Würde vergeben, um die allgemeine Zuneigung zu gewinnen: man lasse sich zuweilen das gefallen, was die Meisten sich gefallen lassen; jedoch ohne Unanständigkeit. Denn wer öffentlich für einen Narren gilt, wird nicht im Stillen für gescheut gehalten werden. An Einem Tage der Lustigkeit kann man mehr verlieren, als man an allen Tagen der Ehrbarkeit gewonnen hat. Jedoch soll man auch nicht sich immer ausschließen: denn durch Absonderung verurtheilt man die Uebrigen. Noch weniger darf man Ziererei affektiren: diese überlasse man dem Geschlecht, welchem sie eigen ist: sogar die religiöse Ziererei ist lächerlich. Dem Mann steht nichts besser an, als daß er ein Mann scheine: das Weib kann das Männliche als eine Vollkommenheit affektiren: nicht so umgekehrt.

276. Seinen Geist, mit Hülfe der Natur und Kunst, zu erneuern verstehn.

Man sagt, daß von sieben zu sieben Jahren die Gemüthsart sich ändert: nun so sei es ein Verbessern und Veredeln seines Geschmacks. Nach den ersten sieben Jahren tritt die Vernunft ein: so möge nachher mit jedem Stufenjahr eine neue Vollkommenheit hinzukommen. Man beobachte diesen natürlichen Wechsel, um ihm nachzuhelfen, und hoffe auch an Andern eine Verbesserung. Hieraus entspringt es, daß Viele mit dem Stande oder Amt ihr Betragen geändert haben. Bisweilen wird man es nicht eher gewahr, als bis es im höchsten Grade hervortritt. Mit zwanzig Jahren ist der Mensch ein Pfau; mit dreißig, ein Löwe; mit vierzig, ein Kameel; mit fünfzig, eine Schlange; mit sechzig, ein Hund; mit siebenzig, ein Affe; mit achtzig, – nichts.

277. Zu prunken verstehn.

Es ist die Glanzbeleuchtung der Talente: für jedes derselben kommt eine günstige Zeit: die benutze man, denn nicht jeder Tag wird der des Triumphs seyn. Es giebt Prachtmenschen, in welchen schon das Geringe sehr, das Bedeutende zum Erstaunen glänzt. Gesellt sich zu ausgezeichneten Gaben die Fähigkeit damit zu prunken; so erlangen sie den Ruf eines Wunders. Es giebt prunkende Nationen, und die Spanische ist es im höchsten Grad. Erst das Licht ließ die Pracht der Schöpfung hervortreten. Das Prunken füllt Vieles aus, ersetzt Vieles und giebt Allem ein zweites Daseyn, zumal wenn es sich auf wirklichen Gehalt stützt. Der Himmel, welcher die Vollkommenheiten verleiht, versieht sie auch mit dem Hange zu prunken: denn jedes von beiden allein würde unpassend seyn. Es gehört Kunst zum Prunken. Sogar das Vortrefflichste hängt von Umständen ab und hat nicht immer seinen Tag. Das Prunken geräth schlecht, wenn es zur Unzeit kommt: mehr als jeder andre Vorzug muß es frei von Affektation seyn, an welchem Uebelstande es allemal scheitert, weil es nahe an die Eitelkeit gränzt und diese an das Verächtliche: es muß sehr gemäßigt seyn, damit es nicht gemein werde, und sein Uebermaaß steht bei den Klugen schlecht angeschrieben. Bisweilen besteht es mehr in einer stummen Beredsamkeit, indem man gleichsam nur aus Nachlässigkeit seine Vollkommenheiten zum Vorschein kommen läßt: denn das kluge Verhehlen derselben ist das wirksamste Paradiren damit, da man eben durch solches Entziehn die Neugier am lebhaftesten anreizt. Sehr geschickt auch ist es, nicht die ganze Vollkommenheit mit einem Male aufzudecken, sondern nur einzelne Proben davon verstohlnen Blicken preiszugeben und dann immer mehr. Jede glänzende Leistung muß das Unterpfand einer größern seyn und im Beifall der ersten schon die Erwartung der folgenden liegen.

278. Abzeichen jeder Art vermeiden:

denn die Vorzüge selbst werden zu Fehlern, sobald sie zur Bezeichnung dienen. Die Abzeichen entstehn aus Sonderbarkeit, welche stets getadelt wird: man läßt den Sonderling allein. Sogar die Schönheit, wenn sie überschwänglich wird, schadet unserm Ansehn; denn indem sie die Augen auf sich zieht, beleidigt sie: wie viel mehr werden Sonderbarkeiten, die schon an sich in schlechtem Ruf stehn, nachtheilig wirken. Dennoch wollen Einige sogar durch Laster allgemein bekannt seyn und suchen in der Verworfenheit die Auszeichnung, um einer so ehrlosen Ehre teilhaft zu werden. Selbst in der Einsicht kann das Uebermaaß in Geschwätz ausarten.

279. Dem Widersprecher nicht widersprechen.

Man muß unterscheiden, ob der Widerspruch aus List, oder aus Gemeinheit entspringt. Es ist nicht immer Eigensinn, sondern bisweilen ein Kunstgriff. (Vergl. 213.) Dann sei man aufmerksam, sich im erstem Fall nicht in Verwickelungen, im andern nicht ins Verderben ziehn zu lassen. Keine Sorgfalt ist besser angewandt, als die gegen Spione. Gegen die Dietriche der Seelen ist die beste Gegenlist, den Schlüssel der Vorsicht inwendig stecken zu lassen.

280. Ein Biedermann seyn.

Mit dem redlichen Verfahren ist es zu Ende: Verpflichtungen werden nicht anerkannt: ein gegenseitiges lobenswerthes Benehmen findet sich selten, vielmehr erhält der beste Dienst den schlimmsten Lohn: und so ist heut zu Tage der Brauch der ganzen Welt. Es gibt ganze Nationen, die zur Schlechtigkeit geneigt sind: bei der einen hat man stets den Verrats bei der andern den Unbestand, bei der dritten den Betrug zu fürchten. Allein das schlechte Benehmen Andrer sei für uns kein Gegenstand der Nachahmung, sondern der Vorsicht. Die Gefahr dabei ist, daß der Anblick jener nichts-würdigen Verfahrungsweise auch unsre Redlichkeit er-schüttere. Aber der Biedermann vergißt nie, über das was die Andern sind, wer er ist.

281. Gunst bei den Einsichtigen finden.

Das laue Ja eines außerordentlichen Mannes ist höher zu schätzen, als der ganze allgemeine Beifall. Denn aus den Weisen spricht Einsicht und daher giebt ihr Lob eine unversiegbare Zufriedenheit. Der verständige Antigonus beschränkte den ganzen Schauplatz seines Ruhmes auf den einzigen Zeno, und Plato nannte den Aristoteles seine ganze Schule. Allein Manche sind nur darauf bedacht, sich den Magen zu füllen und wäre es mit dem gemeinsten Kehricht. Sogar die Fürsten bedürfen der Schriftsteller, und fürchten die Feder derselben mehr, als häßliche Weiber den Pinsel.

282. Durch Abwesenheit seine Hochschätzung oder Verehrung befördern.

Wie die Gegenwart den Ruhm vermindert, so vermehrt ihn die Abwesenheit. Wer abwesend für einen Löwen galt, war bei seiner Anwesenheit nur die lächerliche Ausgeburt des Berges. Die großen Talente verlieren durch die Berührung ihren Glanz: denn es ist leichter die Rinde der Außenseite, als den großen Gehalt des Geistes zu sehn. Die Einbildungskraft reicht weiter als das Gesicht, und die Täuschung, welche ihren Eingang gewöhnlich durch die Ohren findet, hat ihren Ausgang durch die Augen. Wer sich still im Mittelpunkt des Umkreises seines Rufes hält, wird sich in seinem Ansehn erhalten. Der Phönix selbst benutzt seine Zurückgezogenheit, um verehrt, und das durch sie erregte Verlangen, um geschätzt zu bleiben.

283. Die Gabe der Erfindung besitzen.

Sie beweist das höchste Genie: allein welches Genie kann ohne einen Gran Wahnsinn bestehn? Ist das Erfinden Sache der Genialen; so ist die treffende Wahl Sache der Verständigen. Auch ist jenes eine besondre Gabe des Himmels und viel seltener: denn eine treffende Wahl ist Vielen gelungen, eine gute Erfindung Wenigen, und zwar nur den

Ersten, dem Werth und der Zeit nach. Die Neuheit schmeichelt, und war sie glücklich, so giebt sie dem Guten einen doppelten Glanz. In Sachen des Urtheils ist die Neuheit gefährlich, wegen des Paradoxen; in Sachen des Genies aber löblich: jedoch wenn gelungen, verdient die Eine wie die Andre Beifall.

284.   Man sei nicht zudringlich

so wird man nicht zurückgesetzt werden. Man setze selbst Werth auf sich, wenn die Andern es sollen. Eher sei man karg, als freigebig mit seiner Person. Ersehnt komme man an; da wird man wohl empfangen werden. Nie komme man ungerufen und gehe nur, wenn man gesandt wird. Wer aus freien Stücken etwas unternimmt, wird, wenn es schlecht abläuft, den ganzen Unwillen auf sich laden; läuft es hingegen gut ab, weiß man es ihm doch nicht Dank. Der Zudringliche wird mit Geringschätzung und Wegwerfung aller Art überhäuft: eben deshalb, weil er sich mit Unverschämtheit eindrängte, wird er mit Beschämung fortgeschickt.

285.   Nicht am fremden Unglück sterben.

Man kenne den, welcher im Sumpfe steckt und merke sich, daß er uns rufen wird, um sich nachher am beiderseitigen Leiden zu trösten. Solche Leute suchen Jemanden, der ihnen helfe, das Unglück zu tragen, und wem sie im Glück den Rücken wandten, dem reichen sie jetzt die Hand. Großer Vorsicht bedarf es bei denen, die zu ertrinken im Begriff sind, um ihnen, ohne eigene Gefahr, Hülfe zu leisten.

286.   Man sei Niemandem für Alles, auch nie Allen verbindlich gemacht:

denn sonst wird man zum Sklaven, oder gar zum Sklaven Aller. Einige werden unter glücklichem Umständen geboren, als Andre: jene um Gutes zu thun, diese um es zu empfangen. Die Freiheit ist viel köstlicher, als das Geschenk, wofür man sie hingiebt. Man soll weniger Werth darauf legen, Viele von sich, als darauf, sich selbst von Keinem abhängig zu sehn. Der einzige Vorzug des Herrschens ist, daß man mehr Gutes erweisen kann. Besonders halte man die Verbindlichkeit, die Einem aufgelegt wird, nicht für eine Gunst: denn meisten-teils wird die fremde List es absichtlich so eingeleitet haben, daß man ihrer bedürfen mußte.

287. Nie handle man im leidenschaftlichen Zustande:

sonst wird man Alles verderben. Der kann nicht für sich handeln, der nicht bei sich ist: stets aber verbannt die Leidenschaft die Vernunft. In solchen Fällen lasse man für sich einen vernünftigen Vermittler eintreten, und das wird Jeder seyn, der ohne Leidenschaft ist. Stets sehn die Zuschauer mehr als die Spieler, weil sie leidenschaftslos sind. Sobald man merkt, daß man außer Fassung geräth, blase die Klugheit zum Rückzuge: denn kaum wird das Blut sich vollends erhitzt haben, so wird man blutig zu Werke gehen und in wenig Augenblicken auf lange Zeit sich zur Beschämung und Andern zur Verläumdung Stoff gegeben haben.

288. Nach der Gelegenheit leben.

Unser Handeln, unser Denken, Alles muß sich nach den Umständen richten. Man wolle wann man kann: denn Zeit und Gelegenheit warten auf Niemanden. Man lebe nicht nach ein für alle Mal gefaßten Vorsätzen, es sei denn zu Gunsten der Tugend; noch schreibe man dem Willen bestimmte Gesetze vor: denn morgen wird man das Wasser trinken müssen, welches man heute verschmähte. Es giebt so verschrobene Querköpfe, daß sie verlangen, alle Umstände bei einem Unternehmen sollen sich nach ihren verrückten Grillen fügen und nicht anders. Der Weise hingegen weiß, daß der Leitstern der Klugheit darin besteht, daß man sich nach der Gelegenheit richte.

289. Nichts setzt den Menschen mehr herab, als wenn er sehen läßt, daß er ein Mensch sei.

An dem Tage hören sie auf ihn für göttlich zu halten, an welchem sie ihn recht menschlich erblicken. Der Leichtsinn ist das größte Hinderniß unsers Ansehns. Wie der zurückhaltende Mann für mehr als Mensch gehalten wird, so der leichtsinnige für weniger als Mensch. Es giebt keinen Fehler, der mehr herabwürdigte, weil der Leichtsinn das grade Gegenteil des überlegten, gewichtigen Ernstes ist. Ein leichtsinniger Mensch kann nicht von Gehalt seyn, zumal wenn er alt ist, wo die Jahre ihn zur Ueberlegung verpflichten. Und obgleich dieser Makel an so Vielen haftet; so ist er nichts desto weniger ganz besonders herabwürdigend.

290.   Es ist viel Glück, zur Hochachtung auch die Liebe zu besitzen. Gemeiniglich darf man, um sich die Achtung zu erhalten, nicht sehr geliebt seyn. Die Liebe ist verwegner als der Haß. Zuneigung und Verehrung lassen sich nicht wohl vereinen. Zwar soll man nicht sehr gefürchtet seyn, aber auch nicht sehr geliebt. Die Liebe führt die Vertraulichkeit ein, und mit jedem Schritt, den diese vorwärts macht, macht die Hochachtung einen zurück. Man sei eher im Besitz einer verehrenden als einer hingebenden Liebe: so ist sie ganzen Leuten angemessen.

291.   Zu prüfen verstehn.

Die Aufmerksamkeit des Klugen wetteifre mit der Zurückhaltung des Vorsichtigen. Viel Kopf ist erfordert, um den fremden auszumessen. Es ist wichtiger, die Gemüthsarten und Eigenschaften der Personen, als die der Kräuter und Steine zu kennen. Jenes ist eine der scharfsinnigsten Beschäftigungen im Leben. Am Klange kennt man die Metalle, und an der Rede die Menschen. Die Worte geben Anzeichen der Rechtlichkeit, aber viel mehr die Thaten. Hier nun bedarf es der außerordentlichsten Vorsicht, der tiefen Beobachtung, der seinen Auffassung und des richtigen Urtheils.

292.   Die persönlichen Eigenschaften müssen die Obliegenheiten des Amtes übersteigen:

und nicht umgekehrt. So hoch auch der Posten seyn mag, stets muß die Person sich als ihm überlegen zeigen. Ein umfassender Geist breitet sich immer mehr aus und tritt mehr und mehr hervor in seinem Amte. Hingegen wird der Engherzige bald seine Blöße zeigen und am Ende an Verpflichtungen und Ansehn bankerott werden. Der große Augustus setzte seine Ehre darein, als Mensch größer, denn als Fürst zu seyn. Hier kommt nun ein hoher Sinn zu Statten und auch ein wohlüberlegtes Selbstvertrauen trägt viel bei.

293.   Von der Reife.

Sie leuchtet aus dem Aeußern hervor, noch mehr aus der Sitte. Die materielle Gewichtigkeit macht das Gold, die moralische den Mann werthvoll. Die Reife verbreitet über alle seine Fähigkeiten einen gewissen Austand und erregt Hochachtung. Die Gesetztheit des Menschen ist die Fassade seiner Seele: sie besteht nicht in der Unbeweglichkeit des Dummen, wie es der

Leichtsinn haben möchte, sondern in einer sehr ruhigen Autorität. Ihre Reden sind Sentenzen, ihr Wirken gelingende Thaten. Sie erfordert einen sehr vollendeten Mann: denn Jeder ist so weit ein ganzer Mann, als er Reife hat. Indem er aufhörte ein Kind zu seyn, fieng er an Ernst und Autorität zu erhalten.

294. Sich in seinen Meinungen mäßigen.

Jeder faßt seine Ansichten nach seinem Interesse und glaubt einen Ueberfluß an Gründen für dieselben zu haben. Denn in den Meisten muß das Urtheil der Neigung den Platz einräumen. Nun trifft es sich leicht, daß Zwei mit einander gradezu widersprechenden Meinungen sich begegnen, und Jeder glaubt die Vernunft auf seiner Seite zu haben, wiewohl diese, stets unverfälscht, nie ein doppeltes Antlitz trug. Bei einem so schwierigen Punkt gehe der Kluge mit Ueberlegung zu Werke: dann wird das Mißtrauen gegen sich selbst sein Urtheil über das Benehmen des Gegners berichtigen. Er stelle sich auch einmal auf die andre Seite und untersuche von da die Gründe des Andern: dann wird er nicht mit so starker Verblendung jenen verurtheilen und sich rechtfertigen.

295. Nicht wirksam scheinen, sondern seyn.

Viele geben sich den Schein wichtige Geschäfte zu treiben, ohne den mindesten Grund: aus Allem machen sie ein Mysterium, auf die albernste Weise. Sie sind Kamäleone des Beifalls und für Alle ein unerschöpflicher Stoff zum Lachen. Die Eitelkeit ist überall widerlich, hier aber auch lächerlich. Diese Ameisen der Ehre betteln sich Großthaten zusammen. Man soll hingegen seine größten Vorzüge am wenigsten affektiren: man begnüge sich mit dem Thun und überlasse Andern das Reden darüber. Man gebe seine Thaten hin, aber verlaufe sie nicht. Auch miethe man sich nicht goldene Federn, die Unflath schreiben, zum Ekel der Klugen. Man strebe lieber danach ein Held zu seyn, als es zu scheinen.

296. Ein Mann von erhabenen Eigenschaften:

die vom ersten Range machen Männer ersten Ranges: und eine einzige derselben gilt mehr als eine große Anzahl mittelmäßiger. Es gab einen Mann, dem es gefiel, alle seine Sachen, sogar den gewöhnlichen Hausrath, besonders groß zu haben: wie viel mehr muß der große Mann dafür sorgen, daß alle Eigenschaften seines Geistes groß seien. In Gott ist Alles unendlich und unermeßlich; so auch muß in einem Helden Alles groß und majestätisch seyn, dergestalt, daß alle seine Thaten, ja auch seine Reden, mit einer überschwänglichen, großartigen Erhabenheit bekleidet auftreten.

297. Stets handeln, als würde man gesehn.

Der ist ein umsichtiger Mann, welcher sieht, daß man ihn steht, oder doch sehn wird. Er weiß, daß die Wände hören, und daß schlechte Handlungen zu bersten drohen, um herauszukommen. Auch wann allein, handelt er wie unter den Augen der ganzen Welt. Denn da er weiß, daß man einst Alles wissen wird; so betrachtet er als schon gegenwärtige Zeugen die, welche es durch die Kunde späterhin werden müssen. Jener, welcher wünschte, daß die ganze Welt ihn stets sehn möchte, war nicht darüber besorgt, daß man ihn in seinem Hause aus den nächsten beobachten konnte.

298. Drei Dinge machen einen Wundermann

und sind die höchste Gabe der göttlichen Freigebigkeit: ein fruchtbares Genie, ein tiefer Verstand und ein zugleich erhabener und angenehmer Geschmack. Richtig zu fassen, ist ein großer Vorzug, aber ein noch größerer, richtig zu denken und die Einsicht des Guten zu haben. Der Verstand muß nicht im Rückgrat sitzen: da wäre er mehr mühselig als scharf. Richtig zu denken, ist die Frucht der vernünftigen Natur. Mit zwanzig Jahren herrscht der Wille vor, mit dreißig das Genie, mit vierzig das Urtheil. Es giebt Köpfe, die gleichsam Licht ausströmen, wie die Augen des Luchses, indem sie, wo die größte Dunkelheit ist, am richtigsten erkennen. Andre sind für die Gelegenheit gemacht, da sie stets auf das fallen, was am meisten zum gegenwärtigen Zweck dient: es bietet sich ihnen Vieles und Gutes dar: eine glückliche Fruchtbarkeit! Inzwischen würzt ein guter Geschmack das ganze Leben.

299. Hunger zurücklassen:

selbst den Nektarbecher muß man den Lippen entreißen. Das Begehren ist das Maaß der Wertschätzung. Sogar bei dem leiblichen Durst ist es eine Feinheit, ihn zu beschwichtigen, aber nicht ganz zu löschen. Das Gute, wenn wenig, ist doppelt gut. Das zweite Mal führt ein beträchtliches Sinken herbei. Sättigung mit dem was gefällt ist gefährlich und kann der unsterblichsten Vortrefflichkeit Geringschätzung zuziehn.

Die Hauptregel um zu gefallen ist, daß man den Appetit noch durch den Hunger, mit welchem man ihn verließ, gereizt vorfinde. Muß man Unzufriedenheit erregen, so sei es lieber durch die Ungeduld des Begehrens, als durch den Ueberdruß des Genusses. Das mühsam erlangte Glück wird doppelt genossen.

300. Mit Einem Wort, ein Heiliger seyn,

und damit ist Alles auf einmal gesagt. Die Tugend ist das gemeinsame Band aller Vollkommenheiten, und der Mittelpunkt aller Glückseligkeit. Sie macht einen Mann vernünftig, umsichtig, klug, verständig, weise, tapfer, überlegt, redlich, glücklich, beifällig, wahrhaft und zu einem Helden in jedem Betracht. Drei Dinge, welche, im Spanischen mit einem S anfangen, machen glücklich: Heiligkeit, Gesundheit und Weisheit. Die Tugend ist die Sonne des Mikrokosmos oder der kleinen Welt und ihre Hemisphäre ist das gute Gewissen. Sie ist so schön, daß sie Gunst findet vor Gott und Menschen. Nichts ist liebenswürdig, als nur die Tugend, und nichts verabscheuungswerth, als nur das Laster. Die Tugend allein ist Sache des Ernstes, alles Andre ist Scherz. Die Fähigkeit und die Größe soll man nach der Tugend messen und nicht nach Umständen des Glücks. Sie allein ist sich selbst genug: sie macht den Menschen im Leben liebenswürdig und im Tode denkwürdig.

Bd. 90 *Gefährliche Liebschaften*, Pierre-Ambroise-François Choderlos de Laclos, Bd. 91 *Gegen den Strich*, Joris-Karl Huysmany, Bd. 92 *Geschichte des Fräuleins von Sternheim*, Sophie v. La Roche, Bd. 93 *Geschichte vom braven Kasperl und dem Annerl*, Clemens Brentano, Bd. 94 *Geschichten aus dem Wienerwald*, Ödön v. Horváth, Bd. 95 *Glanz und Elend der Kurtisanen*, Honore de Balzac, Bd. 96 *Glück und Unglück der berühmten Moll Flanders*, Daniel Defoe, Bd. 97 *Götz von Berlichingen*, Johann Wolfgang v. Goethe, Bd. 98 *Gullivers Reisen*, Jonathan Swift, Bd. 99 *Heidis Lehr und Wanderjahre*, Johann Spyri, Bd. 100 *Heinrich von Ofterdingen*, Novalis, Bd. 101 *Hiob Roman eines einfachen Mannes*, Joseph Roth, Bd. 102 *Immensee*, Theodor Storm, Bd. 103 *Iphigenie auf Tauris*, Johann Wolfgang v. Goethe, Bd. 104 *Italienische Märchen*, Clemens Brentano, Bd. 105 *Ivannhoe*, Walter Scott, Bd. 106 *Jahrmarkt der Eitelkeiten*, William Makepaece Thackeray, Bd. 107 *Jane Eyre*, Charlotte Brontë, Bd. 108 *Jugend ohne Gott*, Ödön v. Horvath, Bd. 109 *Jürg Jenatsch*, Conrad Ferdinand Meyer, Bd. 110 *Kabale und Liebe*, Friedrich v. Schiller, Bd. 111 *Kasimir und Karoline*, Ödön v. Horvath, Bd. 112 *Kinder- und Hausmärchen*, Gebrüder Grimm, Bd. 113 *Kleiner Mann, was nun*, Hans Fallada, Bd. 114 *König Alkohol*, Jack London, Bd. 115 *Krambambuli*, Marie Ebner-Eschenbach, Bd. 116 *Lausbubengeschichten*, Ludwig Thoma, Bd. 117 *Lavinia - Pauline - Kora*, George Sand, Bd. 118 *Leben und Lüge*, Detlev von Liliencron, Bd. 119 *Lebensansichten des Katers Murr*, ETA Hoffmann, Bd. 120 *Lenz. Der hessische Landbote*, Georg Büchner, Bd. 121 *Lieutenant Gustl*, Arthur Schnitzler, Bd. 122 *Lord Jim*, Joseph Conrad, Bd. 123 *Luise*, Johann Heinrich Voß, Bd. 124 *Madame Bovary*, Gustave Flaubert, Bd. 125 *Märchen*, Wilhelm Hauff, Bd. 126 *Maria Stuart*, Friedrich v. Schiller, Bd. 127 *Max Havelaar*, Multatuli, Bd. 128 *Meister Floh*, ETA Hoffmann, Bd. 129 *Michael Kohlhaas*, Heinrich v. Kleist, Bd. 130 *Minna von Barnhelm*, Gotthold Ephraim Lessing, Bd. 131 *Moby Dick*, Hermann Melville, Bd. 132 *Nathan, der Weise*, Gotthold Ephraim Lessing, Bd. 133-1 und 133-2 *Nils Holgersson wunderbare Reise*, Selma Lagerlöf, Bd. 134 *Niels Lyne*, Jens Peter Jacobsen, Bd. 135 *Nußknacker und Mausekönig*, ETA Hoffmann, Bd. 136 *Oliver Twist*, Charles Dickens, Bd. 137 *Onkel Toms Hütte*, Herriett Beecher Stowe, Bd. 138 *Peter Schlemihls wundersame Geschichte*, Adalbert v. Chamisso, Bd. 139 *Peterchens Mondfahrt*, Gerdt v. Bassewitz, Bd. 140 *Pinocchio*, Carlo Collodi, Bd. 141 *Reinecke Fuchs*, Johann Wolfgang v. Goethe, Bd. 142 *Rheinmärchen*, Clemens Brentano, Bd. 143 *Rinaldo Rinaldini*, Christian August Vulpius, Bd. 144 *Robinson Crusoe*, Daniel Defoe, Bd. 145 *Romeo und Julia*, William Shakespeare Bd. 146 *Schach von Wuthenow*, Theodor Fontane, Bd. 147 *Schachnovelle*, Stefan Zweig, Bd. 148 *Schatzkästlein des rheinischen Hausfreundes*, Johann Peter Hebel, Bd. 149 *Schelmuffskys Reisebeschreibung*, Christian Reuter, Bd. 150 *Schloss Gripsholm*, Kurt Tucholsky, Bd. 151 *Siebenkäs*, Jean Paul, Bd. 152 *Sternstunden der Menschheit*, Stefan Zweig, Bd. 153 *Tao te king*, Laotse, Bd. 154 *Till Eulenspiegel*, Hermann Bote, Bd. 155 *Tolldreiste Geschichten*, Honorè de Balzac, Bd. 156 *Tom Jones, Geschichte eines Findelkindes*, Henry Fielding, Bd. 157 *Tom Sawyers Abenteuer und Streiche*, Mark Twain, Bd. 158 *Troquato Tasso*, Johann Wolfgang v. Goethe, Bd. 159 *Traumnovelle*, Arthur Schnitzler, Bd. 160 *Trost der Philosophie*, Boethius, Bd. 161 *Über den Umgang mit Menschen*, Adolph Freiherr v. Knigge, Bd. 162 *Uli der Knecht*, Jeremias Gotthelf, Bd. 163 *Uli der Pächter*, Jeremias Gotthelf, Bd. 164 *Ungeduld des Herzens*, Stefan Zweig, Bd. 165 *Ut oler Welt*, Wilhelm Busch, Bd. 166 *Vater Goriot*, Honorè de Balzac, Bd. 167 *Väter und Söhne*, Ivan Sergejeviç Turgenev, Bd. 168 *Verlorene Illusionen*, Honorè de Balzac, Bd. 169 *Von der Freiheit eines Christenmenschen*, Martin Luther – Bd. 170 *Von der Ursache, dem Prinzip und dem Einen*, Bruno Giordano, Bd. 171 *Vor Sonnenuntergang*, Gerhard Hauptmann, Bd. 172 *Walden oder Leben in den Wäldern*, Henry D. Thoreau, Bd. 173 *Wilhelm Meisters Lehrjahre*, Johann Wolfgang v. Goethe, Bd. 174 *Wilhelm Meisters Wanderjahre*, Johann Wolfgang v. Goethe, Bd. 175 *Wilhelm Tell*, Friedrich v. Schiller

Von demselben Autor/Herausgeber sind bei BOD bereits erschienen:

Alle Tage Feiertage
ISBN 978-3-7386-0409-2, 280 S.
Allerlei Anlässe zum Aktionieren, Feiern und Gedenken

100 Kinderlieder
ISBN 978-3-7322-3024-2, 112 S.
100 Kinderlieder, altbekannt und immer wieder gern gesungen

Liederbuch (Deutsche Volkslieder)
ISBN 978-3-8423-6702-9, 312 S.
300 Volkslieder aus 8 Jahrhunderten und aller Herren Länder

Sagen und Erzählungen aus Marburg und Oberhessen
ISBN 978-3-7347-8909-0 , 164 S.
Allerlei Schwänke und Geschichten aus dem Marburger Land

Tausenderlei über die Freiheit
ISBN 978-3-7322-9721-4, 140 S.
Mehr als 1000 Zitate, Bonmots und Aphorismen über die Freiheit

Tausenderlei über das Glück
ISBN 978-3-7322-5525-2, 160 S.
Mehr als 1000 Zitate, Bonmots und Aphorismen über das Glück

Tausenderlei über die Liebe
ISBN 978-3-8423-7474-4, 140 S.
Mehr als 1000 Zitate, Bonmots und Aphorismen zum Thema Nr. Eins

Weihnachtsgedichte– Verse, Reime und Gedichte zum Fest
ISBN 978-3-7347-6393-9, 352 S.
290 Werke bekannter und unbekannter Dichter zum Weihnachtsfest

Weihnachtsgeschichten - Erzählungen und Märchen
ISBN 978-3-7347-6404-2, 392 S.
85 kurze und lange Texte zur Weihnachtszeit

Weihnachtsgeschichten 2
ISBN 978-3-7481-7533-9, 360 S.
35 kürzere und längere Geschichten zur Weihnacht

100 Weihnachtslieder
ISBN 978-3-7322-3375-5, 112 S.
100 Weihnachtslieder aus der Heimat und der ganzen Welt

Lob und Tadel an tessitore@web.de